ユーキャン

2024年版
ケアマネジャー

これだけ！
一問一答

一緒に学習しよう

合格に向けて
学習をサポートします！

ダック先輩　　ミーア君

ユーキャンが **よくわかる！** その理由

● 最終確認の強い味方！

ユーキャンのケアマネジャー『これだけ！一問一答』は、試験直前にこれだけはおさえておきたい事項を一問一答形式でコンパクトにまとめた問題集です。持ち運びに便利なハンディサイズ＆赤シートつきなので、いつでもどこでも手軽に学習できます。

● 受験対策にかかせない基本事項を網羅した600問！

過去の本試験の出題傾向を徹底的に分析。そのデータに基づいて、繰り返し問われる重要事項を中心に、600問の○×問題にしました。問題と解答解説を見開きで掲載しているので、知識の確認がスムーズに行えます。

● 総合的に学習できる要点まとめページ

一問一答形式ではとらえにくい重要項目は、「重要ポイントまとめてCHECK!!」のページにまとめてあります。大事なポイントについてイラスト・図表などでわかりやすく解説しているので、一問一答とあわせて効率よく学習することができます。

本書の使い方

本書は、○×形式の一問一答ページと要点まとめページで構成されています。
問題ページで知識を確認、要点まとめページで重要ポイントを整理することができます。

一問一答で知識を確認

まずは、赤シートで右ページの解答を隠して問題を解き、自分の理解度を確認しましょう。

右ページの解説をチェック

間違えた問題はしっかり解説を確認し、確実に理解しましょう。正解した問題も解説を読み、プラスアルファの知識を吸収しましょう。

直前期に、これだけ！はおさえておきたい問題です。

学習に役立つマーク！
法改正等 Point…
今度でる? Point…

問題にも解説にも、チェックボックスが3回分。繰り返しが学習効果を高めます。

---

25 短期入所療養介護

Q413 介護医療院は、短期入所療養介護を行うことができる。

Q414 短期入所療養介護のユニット型では、ユニットごとに常時1人以上の介護職員または看護職員を配置しなければならない。

Q415 短期入所療養介護は、介護者の旅行など私的な理由でも利用することができる。

Q416 難病などのある中重度者または末期の悪性腫瘍の要介護者を対象に、日帰りの短期入所療養介護の提供が行われている。

Q417 短期入所療養介護では、利用者の病状に応じた、検査、投薬、注射、処置などを行う。

Q418 緊急短期入所受入加算は、介護支援専門員がその必要性を認め居宅サービス計画にないサービスを行った場合に、4日を限度として算定できる。

Q419 介護予防短期入所療養介護計画は、利用期間が3日以内であれば、必ずしも作成する必要はない。

「重要ポイントまとめてCHECK!!」で横断整理

一問一答だけではフォローしきれない重要項目は、「重要ポイントまとめてCHECK!!」ページでしっかり確認し、知識を整理しましょう。

重要ポイント まとめて CHECK!!

Point 1 資格要件

●介護保険被保険者の資格要件

介護保険の被保険者は2通りにわかれています。

種類	資格要件
第1号被保険者	65歳以上の住民
第2号被保険者	40歳以上65歳未満で、医療保険に加入している住民

得点UPのカギ 【住所要件のポイント】
・日本人でも、海外に長期滞在などで日本国内に住民票がなければ被保険者とならない。
・外国人でも、日本国内に住民票があり、住所があると認められれば被保険者となる。

●介護保険の適用日

介護保険を適用すべき事実...

A413 介護老人保健施設、療養病床____所なども行うことができる。

A414 さらに、2ユニットごとに1____の配置、ユニットごとに常勤____一の配置も規定されている。

A415 短期入所療養介護は、介護者にレスパイト・ケアを与えるという役割もあり、社会的・私的なケースに対応する。 ○

A416 日中のみの日帰りの短期入所療養介護を特定短期入所療養介護という。介護予防短期入所療養介護には設定されていない。 ○

A417 医療ニーズの高い要介護者に対し、____や疾病に対する医学的管理、リハビリテーションなどを行う。

A418 緊急短期入所受入加算は、原則として__日（利用者家族の疾病等やむを得ない事情がある場合には__日）を限度として算定できる。

A419 介護予防短期入所療養____おおむね__日以上継続____される。

保健医療サービス分野 ◆ 25

重要項目をイラスト&チャートで整理しました。
「得点UPのカギ」もあわせて覚えましょう。赤シートを使うとより効果的です。

解説ページは『穴埋め問題集』としても活用できます!

重要部分が赤字になっているので、赤シートを使い穴埋め形式でチェックすることも可能です。

5

目 次

介護支援分野

保健医療サービス分野

福祉サービス分野

重要ポイントまとめてCHECK !! 一覧

出題傾向の分析と対策

　介護支援専門員実務研修受講試験は、介護支援専門員の業務に関し必要な基礎的知識や技能を問うものです。試験の内容は、①**介護支援分野**、②**保健医療サービス分野**、③**福祉サービス分野**の3つにわけられます。

　また、試験での出題内容を分野別・項目別でわけると、過去5年間（第22回〜第26回）ではおおむね次のような比率で出題されています。

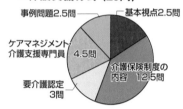

● 介護支援分野（25問）

事例問題2.5問 ── ── 基本視点2.5問
ケアマネジメント・介護支援専門員 4.5問
要介護認定 3問
介護保険制度の内容 12.5問

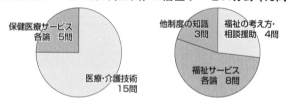

● 保健医療サービス分野（20問）　● 福祉サービス分野（15問）

保健医療サービス各論 5問
医療・介護技術 15問

他制度の知識 3問
福祉の考え方・相談援助 4問
福祉サービス各論 8問

　介護支援分野では、介護保険制度の内容に関する問題の比重が高くなっており、中でも要介護認定は例年2〜4問程度出題されていますので、特に注意が必要です。保健医療サービス分野・福祉サービス分野で出題されるサービス各論は、運営基準や介護報酬など制度論に関連した内容で、実務についている方でも確実に覚えておかなければ解けない問題です。以上のように、出題の傾向を知っておくことが試験に合格するための要素にもなっています。

　各分野と例年出題されている"事例問題"についての、近年の出題傾向は次のとおりです。焦点を絞って学習の仕上げをしていきましょう。

① 介護支援分野

────────── 介護保険制度の原則的内容とケアマネジャーが行うケアマネジメントを理解することが重要

　介護支援分野は、介護保険制度とケアマネジメントについての知識や技能を問うものです。介護保険制度の創設や特徴、要介護認定、保険給付の種類と内容、利用者負担、事業者の指定や事業者の運営に関する基準、介護支援専門員（ケアマネジャー）の介護サービス計画（ケアプラン）作成にかかわる問題、事例問題がよく出題されています。特に地域支援事業や地域包括支援センターについて多く問われます。

　また、2018年度に新設された共生型サービスに関する問題も出題されています。内容をしっかりおさえておく必要があります。

② 保健医療サービス分野

────────── 高齢者の抱える疾患などの問題をしっかりと理解することが重要

　医療や介護に関する知識では、廃用症候群（生活不活発病）、脱水、低栄養など高齢者に起こりやすい症状、糖尿病、骨粗鬆症、認知症、口腔ケア、栄養管理、薬の副作用、在宅医療管理、感染症の出題頻度が高くなっています。

　保健医療サービス各論では、訪問看護、居宅療養管理指導、介護老人保健施設、通所リハビリテーションがよく出題されています。

　また、2018年度に新設された介護医療院に関する問題は、保健医療サービス分野だけでなく介護支援分野でも問われます。介護医療院の機能や運営基準などについて理解を深めておきましょう。

③ 福祉サービス分野

────────── 実務を想定して覚えることが重要

　福祉援助では相談面接技術、サービス各論では訪問介護、通所介護、訪問入浴介護、短期入所生活介護、介護老人福祉施設、他制度に関連する知識では生活保護制度、権利擁護に関する制度がほぼ毎年出題されています。特に訪問介護、通所介護では、介護報酬の加算要件もよく出題されますので注意しましょう。

　相談面接技術や支援困難事例、ソーシャルワークでは、援助者としてどのような対応をすべきか、実務を想定し、ポイントをおさえた学習をしていきましょう。高齢者虐待防止法では、法律の規定が問われますので、着実におさえておくことが必要です。

● 事例問題

　事例問題は、問題文の中に、「Aさん」などといった人物が登場し、年齢、家庭環境、身体状況などのAさんに関する情報を読んだうえで、必要なケアマネジャーの対応について答える、という形式の問題です。近年の出題におけるポイントは次のとおりです。

○介護保険制度の理念や介護支援専門員の基本姿勢

　利用者の自立支援や在宅における生活継続への支援、自己決定の支援などの視点が繰り返し問われています。

　たとえば、在宅での生活を望むAさんに、介護老人福祉施設への入所をすすめるといった対応は、誤りとなります。

○居宅介護支援（介護予防支援）を進めるうえでの知識

　アセスメントからモニタリングまでの基本的な知識や技能が問われます。

○Aさんに対応するサービスの内容

　適切なプランを提示し、ケアプランに位置づけるための応用力が必要です。福祉用具や住宅改修の活用も重要なポイントとなります。

○他制度への理解

　利用者には認知症の人や生活保護を受けている人、障害のある人もいます。成年後見制度、日常生活自立支援事業など利用者の権利を擁護する制度、生活保護の知識もポイントになります。また、高齢者の権利擁護では、虐待への対応や高齢者虐待防止法への理解についても問われます。

○専門職や他機関との連携、社会資源の活用

　ケアマネジャーは、地域において各種の社会資源を連携させる役割をもっています。専門職や他機関との連携は、事例問題でもよく問われます。

介護支援分野

制度は難しいと思うかもしれませんが、実務をするうえでの基本的な知識となります！

介護保険制度とケアマネジメントについて、しっかりと把握していこう。

1 高齢化と高齢者介護を取り巻く状況、介護保険制度の創設

Q1
わが国は、長期の人口減少過程に入っているが、65歳以上の高齢者人口は増加傾向が続いている。

Q2
2045年には、稼働年齢層（20〜64歳）3人で1人の後期高齢者を支える社会になると予測されている。

Q3
高齢者が高齢者を介護する「老老介護」や80代の親がひきこもりなどの50代の子どもを支える「8050問題」が社会問題になっている。

Q4
厚生労働省の推計では、2025年には高齢者人口の約1割が認知症高齢者になると予測されている。

Q5
従来の老人福祉制度の措置制度では、市町村がサービスの必要性を判断し、サービス内容や提供機関を決定していた。

Q6
高齢者介護のための制度は老人福祉と老人医療にわかれていたが、これらを再編成することが介護保険制度創設の目的のひとつである。

Q7
介護保険制度では、ケアマネジメントの導入により、介護支援専門員がサービス内容等を決定して、事業者や施設との契約を代行する。

A1 2045年には、後期高齢者（75歳以上）は人口の20.9%を占めると推計されている。 ○

A2 2045年には、稼働年齢層2.4人で1人の後期高齢者を支える社会になると予測されている。 ×

A3 8050問題では、親の病気や介護、経済的困窮、人間関係の孤立などの複合的課題があり、包括的な支援が求められている。 ○

A4 厚生労働省の推計では、2025年には高齢者人口の約2割（約700万人）が認知症高齢者になると予測されている。 ×

A5 市町村がサービスの必要性を判断し決定する措置制度では、利用者がサービスを自由に選択しづらい、競争原理が働かずサービスが画一的になるという問題点があった。 ○

A6 介護保険制度の創設により、福祉と保健医療の両方のサービスを同一の手続きで、総合的・効率的に利用できるようになった。 ○

A7 介護保険制度では、ケアマネジメントを導入しているが、これは、利用者が自ら選択し、直接、居宅サービス事業者や施設と契約する利用者本位の制度である。 ×

2 介護保険制度の目的等と制度改正

Q8 介護保険法第1条の介護保険制度の目的には、要介護者等が「尊厳を保持」できるようにすることが含まれる。

Q9 介護保険制度は、国民の自助努力の理念に基づいた制度である。

Q10 介護保険制度の保険給付は、医療との連携に配慮して行われる。

Q11 保険給付の内容および水準は、被保険者が要介護状態になっても、施設において自立した日常生活を営むことができるように配慮される。

Q12 国民は、介護保険事業に必要な費用を公平に負担する努力義務を負っている。

Q13 2020年の制度改正により、包括的支援事業における生活支援体制整備事業に、就労的活動支援コーディネーターの配置が規定された。

Q14 制度改正により2024年度から、介護サービス事業者は、介護サービス事業者経営情報を都道府県知事に定期的に報告しなければならない。

A8 介護保険制度の目的には、要介護者等が尊厳を保持し、有する能力に応じて自立した日常生活を営むことができるようにすることが含まれる。 ○

A9 介護保険制度は、国民の共同連帯の理念に基づいた制度であることが、介護保険法第1条に明記されている。 ✕

A10 介護保険制度では、福祉サービスのほか、保健医療サービスの給付を行うため、医療との連携に十分配慮して行われる必要がある。 ○

A11 保険給付の内容および水準は、被保険者が要介護状態になっても、可能なかぎり居宅で自立した日常生活を営めるように配慮される。 ✕

A12 国民は、要介護状態になった場合でも、その有する能力の維持向上に努め、介護保険事業に必要な費用を公平に負担する義務を負っている。 ✕

A13 就労的活動支援コーディネーターは、就労的活動の取組みを実施したい事業者等と就労的活動の場を提供できる民間企業等とをマッチングし、役割ある形での高齢者の社会参加等を促進する。 ○

A14 報告を受けた都道府県知事は、介護サービス事業者経営情報について調査・分析を行い、その内容を公表するよう努める。 ○

3 社会保障と社会保険制度

Q15
社会保障に含まれる中心的な制度には、社会保険、公的扶助、社会福祉の3つがある。

Q16
社会扶助方式は、給付に保険のしくみを用いないで、財源を主に公費（租税）で賄う方式である。

注目

Q17
医療保険のひとつである健康保険では、業務外の事由による疾病、負傷などを保険事故として給付を行う。

Q18
年金保険は、所得を保障し、生活の安定のための年金の支給を主に金銭給付により行う。

Q19
国民健康保険と国民年金保険は、被用者保険に位置づけられる。

Q20
介護保険の対象者には、自営業者は含まれない。

Q21
介護保険は、単年度または数年度において収支のバランスを図る短期保険である。

A15 介護保険制度は、5番目にできた社会保険である。 ○

A16 一方、社会保険方式は、給付に保険のしくみを用いて、財源を主に保険料で賄う方式である。 ○

A17 一方、労働者災害補償保険では、業務上の事由または通勤による疾病、負傷、障害、死亡などを保険事故として給付を行う。 ○

A18 給付を主に金銭給付で行うのは、年金保険、雇用保険、労働者災害補償保険で、主に現物給付により行うのは医療保険、介護保険である。 ○

A19 国民健康保険、国民年金保険は区域内の住民を対象とする地域保険に位置づけられる。被用者保険は、組織に雇用されている人を対象とする。 ✕

A20 介護保険は地域保険であり、対象者には、自営業者も被用者も含まれる。 ✕

A21 医療保険、雇用保険も短期保険である。一方、長期間にわたり収支のバランスを図るのは長期保険で、厚生年金保険、国民年金保険などがある。 ○

4 介護保険制度と介護支援専門員

Q22 ケアマネジメントでは、利用者のニーズと社会資源を結びつけ、利用者に総合的・一体的・効率的にサービスを提供する。

Q23 介護支援専門員証の交付を受けていない者が、介護支援専門員の業務を行うことはできない。

Q24 介護支援専門員証の有効期間は5年である。

Q25 介護支援専門員証の交付を受けた者がほかの都道府県へ登録の移転をした場合、その介護支援専門員証の効力は引き継がれる。

Q26 介護支援専門員は、勤務する事業者と資本を同一とする事業者であれば、名義を貸すことができる。

Q27 介護支援専門員でなくなったあとは、秘密保持義務は課されない。

Q28 都道府県知事は、介護支援専門員が業務禁止処分に違反をした場合は、職権で登録を消除しなければならない。

A22 ケアマネジメントによってサービス利用の<u>手続き</u>が<u>一本化</u>された。 ○

A23 介護支援専門員の業務に従事するためには、実務研修を修了し、都道府県知事から<u>登録</u>と介護支援専門員証の<u>交付</u>を受ける必要がある。 ○

A24 介護支援専門員証を更新する際には、<u>更新研修</u>を受ける必要がある。 ○

A25 登録の移転をした場合、移転前の介護支援専門員証は効力を失うため、<u>移転先</u>の都道府県知事に申請して、再度交付を受ける必要がある。 ✕

A26 介護支援専門員の<u>名義</u>を他人に貸すことは、一切<u>禁止</u>されている。 ✕

A27 介護支援専門員は、<u>正当な理由なし</u>に、その業務について知り得た人の秘密を漏らしてはならない。介護支援専門員でなくなったあとも<u>同様</u>である。 ✕

A28 都道府県知事は、介護支援専門員が、<u>不正な手段</u>で登録や介護支援専門員証の交付を受けたりした場合も職権で登録を<u>消除</u>しなければならない。 ○

5 保険者・国・都道府県の責務等

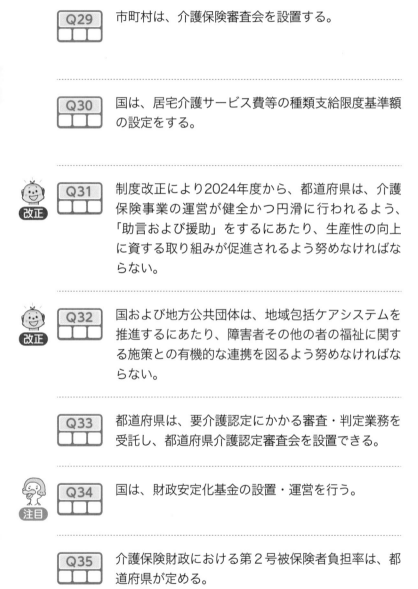

Q29 市町村は、介護保険審査会を設置する。

Q30 国は、居宅介護サービス費等の種類支給限度基準額の設定をする。

改正 **Q31** 制度改正により2024年度から、都道府県は、介護保険事業の運営が健全かつ円滑に行われるよう、「助言および援助」をするにあたり、生産性の向上に資する取り組みが促進されるよう努めなければならない。

改正 **Q32** 国および地方公共団体は、地域包括ケアシステムを推進するにあたり、障害者その他の者の福祉に関する施策との有機的な連携を図るよう努めなければならない。

Q33 都道府県は、要介護認定にかかる審査・判定業務を受託し、都道府県介護認定審査会を設置できる。

注目 **Q34** 国は、財政安定化基金の設置・運営を行う。

Q35 介護保険財政における第2号被保険者負担率は、都道府県が定める。

| A29 | 介護保険審査会は、都道府県が設置する。市町村は、介護認定審査会を設置し、その委員の定数を条例に定める。 | ✕ |

| A30 | 居宅介護サービス費等の種類支給限度基準額は、市町村が条例に定める。国は、全国一律の区分支給限度基準額の設定をする。 | ✕ |

| A31 | 生産性の向上に資する取り組みのほか、介護サービスを提供する事業所・施設における業務の効率化、介護サービスの質の向上に資する取り組みの促進も努力義務として加わる。 | ○ |

| A32 | また、2020年の制度改正では、「地域住民が相互に人格と個性を尊重し合いながら、参加し、共生する地域社会の実現に資するよう努める」ことも追加された。 | ○ |

| A33 | 都道府県は、市町村が共同で介護認定審査会を設置した場合に、必要な援助も行う。 | ○ |

| A34 | 都道府県が、財政安定化基金の設置・運営を行う。 | ✕ |

| A35 | 介護保険財政における第2号被保険者負担率（第2号被保険者の負担割合）は、3年ごとに国が政令に定める。 | ✕ |

6 介護保険事業計画

Q36 厚生労働大臣は、基本指針を定め、変更する際には、あらかじめ総務大臣その他関係行政機関の長に協議しなければならない。

改正 Q37 制度改正により2024年度から、市町村介護保険事業計画の作成にあたり、市町村は、住民の加齢に伴う身体的、精神的および社会的な特性を踏まえることとされた。

Q38 市町村介護保険事業計画を策定・変更する際には、あらかじめ被保険者の意見を反映させるために必要な措置を講じなくてはならない。

Q39 市町村は、市町村介護保険事業計画において、認知症対応型共同生活介護にかかる必要利用定員総数を定めなくてはならない。

Q40 市町村は、市町村介護保険事業計画において、介護保険施設の種類ごとに、必要入所定員総数を定めなければならない。

Q41 市町村老人福祉計画は、市町村介護保険事業計画と一体的に作成されなければならない。

Q42 都道府県介護保険事業支援計画は、都道府県地域福祉支援計画と整合性を確保して作成される。

A36 　基本指針には、<u>介護給付等対象サービス</u>の提供体制の確保および<u>地域支援事業</u>の実施に関する基本的事項などが定められる。

○

A37 　計画の作成にあたり、市町村は、住民の加齢に伴う<u>身体</u>的、<u>精神</u>的および<u>社会</u>的な特性を踏まえた<u>医療</u>および<u>介護</u>の効果的・効率的な提供の重要性に留意する。

○

A38 　市町村介護保険事業計画の策定・変更にあたっては、その定めるべき事項についてあらかじめ<u>都道府県</u>の意見も聴かなければならない。

○

A39 　市町村は、各年度の<u>地域支援事業</u>の量の見込みについても、市町村介護保険事業計画に定めなければならない。

○

A40 　<u>介護保険施設</u>の種類ごとの必要入所定員総数は、都道府県が<u>都道府県介護保険事業支援計画</u>に定めなければならない。

×

A41 　また、都道府県老人福祉計画は、都道府県介護保険事業支援計画と<u>一体的</u>に作成されなければならない。

○

A42 　都道府県介護保険事業支援計画は、都道府県地域福祉支援計画と<u>調和</u>をとり作成される。整合性を確保するのは、<u>医療計画</u>などである。

×

7 被保険者

Q43 日本国籍を有しない外国人は、介護保険の被保険者となることはできない。

注目

Q44 障害者総合支援法上の生活介護および施設入所支援を受けている指定障害者支援施設の入所者は、介護保険制度の被保険者とならない。

Q45 医療保険未加入の生活保護受給者は、65歳に達すると介護保険の第1号被保険者となる。

Q46 すべての被保険者は、資格の得喪について市町村への届出義務がある。

Q47 有料老人ホームは、住所地特例対象施設である。

Q48 住所地特例適用被保険者は、住所地の地域密着型サービスを利用できない。

Q49 被保険者証は、第1号被保険者は全員に交付される。

A43 日本国籍を有しない外国人でも、国内に住所があると認められ、年齢などほかの資格要件を満たしている場合は、介護保険の被保険者となる。 ✕

A44 児童福祉法上の医療型障害児入所施設、生活保護法上の救護施設などの入所者も、介護保険制度の適用除外であり、被保険者とはならない。 ○

A45 なお、健康保険などの医療保険に加入している生活保護受給者は、40歳に達すると介護保険の第2号被保険者となる。 ○

A46 第1号被保険者に届出義務がある。届出は、本人以外には、世帯主が代行することができる。 ✕

A47 住所地特例対象施設は、介護保険施設、特定施設、養護老人ホームで、有料老人ホームは特定施設のひとつである。また、有料老人ホームに該当するサービス付き高齢者向け住宅も、住所地特例の対象となる。 ○

A48 地域密着型サービスは、原則その市町村の被保険者に利用が限定されるが、住所地特例適用被保険者も利用できる。 ✕

A49 なお、第2号被保険者は要介護認定・要支援認定の申請を行った人か交付の求めがあった人に交付される。 ○

重要ポイント まとめて CHECK!!

Point 1 資格要件

● 介護保険被保険者の資格要件

介護保険の被保険者は2通りにわかれています。

種類	資格要件
第1号被保険者	65歳以上の住民
第2号被保険者	40歳以上65歳未満で、医療保険に加入している住民

> **得点UP の カギ**
>
> 【住所要件のポイント】
> ・日本人でも、海外に長期滞在などで日本国内に住民票がなければ被保険者とならない。
> ・外国人でも、日本国内に住民票があり、住所があると認められれば被保険者となる。

● 介護保険の適用日

介護保険を適用すべき**事実が発生した日**をもって、介護保険の被保険者資格が**強制適用**されます。

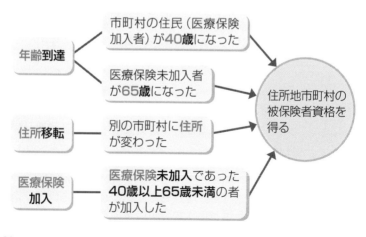

Point 2 住所地特例

被保険者が、下記の①〜③の住所地特例対象施設に入所・入居するために**住所変更した場合、変更前の住所地の市町村が保険者**となります。

- ●**介護保険施設**
- ●**特定施設**
- ●**養護老人ホーム**

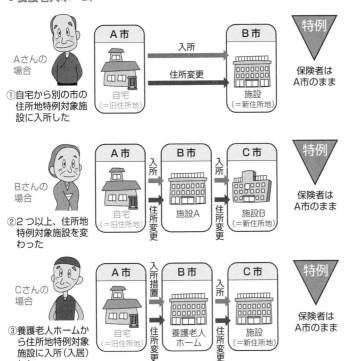

Aさんの場合
①自宅から別の市の住所地特例対象施設に入所した

Bさんの場合
②2つ以上、住所地特例対象施設を変わった

Cさんの場合
③養護老人ホームから住所地特例対象施設に入所(入居)した

保険者はA市のまま

介護支援分野

 得点UPのカギ

【A市の自宅からB市に移転〜住所地特例適用の場合】
・介護保険サービスの利用→住所地のB市が中心。
・介護保険料の支払いと保険給付→保険者であるA市。

29

Q50　合併症のない糖尿病は、特定疾病に含まれない。

Q51　第2号被保険者が認定を申請する際には、医療保険の被保険者証を提示しなければならない。

（注目）Q52　社会保険労務士法に基づく、社会保険労務士による申請代行も行われる。

（注目）Q53　市町村は、新規認定にかかる認定調査を、指定居宅介護支援事業者に委託することができる。

Q54　市町村は、更新認定および変更認定での認定調査を、指定市町村事務受託法人に委託することができる。

（注目）Q55　認定調査票の基本調査には、家族の健康状態に関する項目が含まれる。

Q56　被保険者に主治医がいない場合は、都道府県の指定する医師が主治医意見書を作成する。

A50 糖尿病の三大合併症である糖尿病性神経障害、糖尿病性腎症、糖尿病性網膜症については、特定疾病に指定されている。

○

A51 被保険者は、認定申請時に介護保険の被保険者証を添付するが、被保険者証の交付を受けていない第2号被保険者は不要である。

○

A52 地域包括支援センター、指定居宅介護支援事業者、地域密着型介護老人福祉施設、介護保険施設なども申請代行ができる。

○

A53 新規認定にかかる認定調査は、原則として市町村の職員が行うが、例外的に指定市町村事務受託法人には委託ができる。

×

A54 更新・変更時の認定調査は、地域包括支援センター、指定居宅介護支援事業者、地域密着型介護老人福祉施設、介護保険施設なども受託できる。

○

A55 認定調査票の基本調査は、被保険者の心身の状況や特別な医療に関する項目などで構成され、家族の健康状態に関する項目は含まれない。

×

A56 被保険者に主治医がいない場合は、市町村の指定する医師、または市町村の職員である医師が被保険者を診断し、主治医意見書を作成する。

×

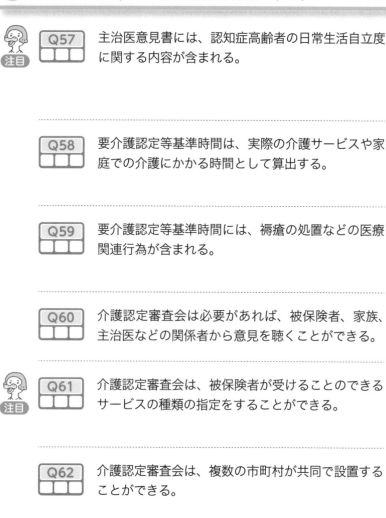

Q57 主治医意見書には、認知症高齢者の日常生活自立度に関する内容が含まれる。

Q58 要介護認定等基準時間は、実際の介護サービスや家庭での介護にかかる時間として算出する。

Q59 要介護認定等基準時間には、褥瘡の処置などの医療関連行為が含まれる。

Q60 介護認定審査会は必要があれば、被保険者、家族、主治医などの関係者から意見を聴くことができる。

Q61 介護認定審査会は、被保険者が受けることのできるサービスの種類の指定をすることができる。

Q62 介護認定審査会は、複数の市町村が共同で設置することができる。

Q63 介護認定審査会の委員は、保健・医療・福祉に関する学識経験者を都道府県知事が任命する。

A57 主治医意見書にはこのほか、心身の状態に関する意見として、障害高齢者の日常生活自立度、認知症の中核症状、認知症の行動・心理症状（BPSD）などに関する内容が含まれる。 ◯

A58 要介護認定等基準時間は、基本調査の結果をコンピュータで分析し、介護の手間（介護の必要の程度）を判断する指標として算出する。 ✕

A59 要介護認定等基準時間に含まれる医療関連行為には、褥瘡の処置、輸液の管理などの診療の補助などが含まれる。 ◯

A60 介護認定審査会は、必要に応じて、認定調査員に意見を聴くこともできる。 ◯

A61 介護認定審査会の意見に基づき、市町村がサービスの種類を指定することができる。指定されたサービスの種類以外は保険給付がされない。 ✕

A62 要介護認定等は広域的実施が可能で、広域連合・一部事務組合による実施、都道府県や他市町村への審査・判定業務の委託も認められている。 ◯

A63 介護認定審査会の委員は、保健・医療・福祉に関する学識経験者を市町村長が任命する。 ✕

Q64
介護認定審査会では、合議体を構成する全委員の出席がなければ、会議を開いたり議決を行ったりすることはできない。

Q65
認定は、原則として申請日から30日以内に行われる。

Q66
新規認定の場合、要介護認定の効力は、申請日に遡る。

注目 **Q67**
新規認定の有効期間は原則６か月であり、最長12か月まで延長することができる。

改正 **Q68**
被保険者は、更新認定の申請を、有効期間満了日の30日前から満了日までの間に行わなければならない。

注目 **Q69**
被保険者は、認定の有効期間満了日前でも、要介護状態区分等の変更認定を市町村に申請することができる。

Q70
要介護者等が他市町村に転居する場合、新しい市町村であらためて審査・判定を受けなければならない。

A64
合議体を構成する委員の<u>過半数</u>の出席により会議を開き、出席した委員の<u>過半数</u>によって議決する。可否同数の場合は合議体の<u>長</u>が決する。 ✕

A65
市町村は、特別の理由によって認定が遅れる場合、申請日から<u>30日</u>以内に、その理由と申請処理に要する見込期間を被保険者に通知する。 ◯

A66
新規認定された場合、その効力は、<u>申請日</u>に遡るため、認定申請日から介護保険の給付を受けることが可能である。 ◯

A67
新規認定の有効期間は原則<u>6か月</u>で、介護認定審査会の意見に基づき3〜12か月の範囲で<u>短縮・延長</u>ができる。 ◯

A68
更新認定の申請は、有効期間満了日の<u>60日前</u>から<u>満了日</u>までの間に行うことができる。なお、有効期間は2021年度から最長<u>48</u>か月（要介護度等に変更がない場合）に延長された。 ✕

A69
また、市町村は、被保険者の介護の必要の程度が<u>低下</u>したと認める場合、<u>職権</u>により認定区分の変更認定をすることができる。 ◯

A70
転居日から14日以内に、転居後の市町村で所定の手続きをすれば、転居<u>前</u>の市町村での<u>審査・判定</u>結果に基づいて認定を受けられる。 ✕

重要ポイント まとめて CHECK!!

Point 3 要介護状態・要支援状態

被保険者は、市町村から要介護状態・要支援状態の認定を受けた場合に介護保険の給付がされます。

要介護状態	**身体上または精神上の障害**があるために、入浴、排泄、食事などの日常生活における基本的な動作の**全部または一部**について、**6か月**にわたり継続して、**常時介護を要すると見込まれる状態。**
要支援状態	**身体上もしくは精神上の障害**があるために、入浴、排泄、食事などの日常生活における基本的な動作の**全部もしくは一部**について、**6か月**にわたり継続して、**常時介護を要する状態の軽減**もしくは**悪化の防止**のために支援を要する、または日常生活を営むのに支障があると見込まれる状態。

第2号被保険者は、**要介護状態または要支援状態になった原因**が以下の**特定疾病**でなければ、認定されません。

(1) がん (がん末期)	(10) 早老症
(2) 関節リウマチ	(11) 多系統萎縮症
(3) 筋萎縮性側索硬化症	(12) 糖尿病性神経障害、糖尿病性腎症、糖尿病性網膜症
(4) 後縦靱帯骨化症	
(5) 骨折を伴う骨粗鬆症	(13) 脳血管疾患
(6) 初老期における認知症	(14) 閉塞性動脈硬化症
(7) 進行性核上性麻痺、大脳皮質基底核変性症およびパーキンソン病 (パーキンソン病関連疾患)	(15) 慢性閉塞性肺疾患
	(16) 両側の膝関節または股関節に著しい変形を伴う変形性関節症
(8) 脊髄小脳変性症	
(9) 脊柱管狭窄症	

Point 4 審査・判定

審査・判定は**コンピュータによる一次判定**と**介護認定審査会**による**二次判定**の2段階で行われます。

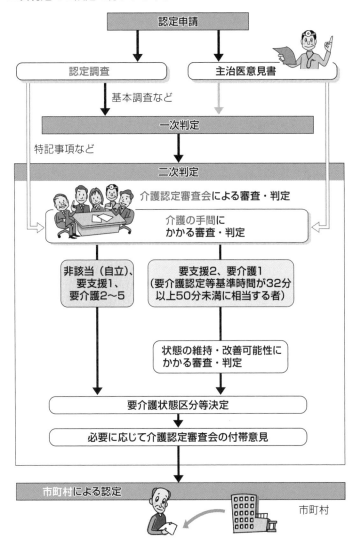

認定申請

認定調査　　　　　主治医意見書

基本調査など

一次判定

特記事項など

二次判定

介護認定審査会による**審査・判定**

介護の手間に
かかる審査・判定

| 非該当（自立）、要支援1、要介護2〜5 | 要支援2、要介護1（要介護認定等基準時間が32分以上50分未満に相当する者） |

状態の維持・改善可能性に
かかる審査・判定

要介護状態区分等決定

必要に応じて介護認定審査会の付帯意見

市町村による認定

市町村

37

9 保険給付の内容

Q71 市町村は独自に条例で定めて、法定給付以外の介護サービスを保険給付の対象とすることができる。

Q72（注目）市町村特別給付の財源は、第1号被保険者と第2号被保険者の保険料から賄われる。

Q73 介護給付には、特例施設介護サービス費が含まれる。

Q74（注目）特定福祉用具販売は、居宅サービスのひとつで現物給付である。

Q75 被保険者が、緊急その他やむを得ない理由により、認定の申請前に受けた居宅サービスは、現物給付となる。

Q76（改正）排泄予測支援機器は、トイレでの自立した排尿を支援することを目的としている。

Q77 地域密着型介護予防サービスには、介護予防地域密着型通所介護は含まれない。

A71 市町村が独自に法定給付以外の介護サービスを給付対象とすることを<u>市町村特別給付</u>という。 ○

A72 市町村特別給付の財源には、第2号被保険者の保険料は充当されず、<u>第1号被保険者</u>の保険料から賄われる。 ×

A73 要介護認定<u>申請前</u>や、被保険者証の提示なしで指定施設サービスを受けた場合、市町村が認めれば特例施設介護サービス費が支給される。 ○

A74 特定福祉用具販売は、居宅サービスのひとつだが、居宅介護福祉用具購入費として<u>償還払い</u>になる。 ×

A75 認定の申請前に居宅サービスを受けた場合、市町村が認めれば<u>特例居宅介護サービス費</u>として、<u>償還払い</u>で支給される。 ×

A76 排泄予測支援機器は<u>特定（介護予防）福祉用具販売</u>のひとつで、<u>膀胱</u>内の状態を感知し、尿量を推定するものであって、排尿の機会を居宅の要介護者等またはその介護を行う者に<u>通知</u>する。 ○

A77 地域密着型介護予防サービスは、介護予防<u>認知症対応型通所介護</u>、介護予防<u>小規模多機能型居宅介護</u>、介護予防<u>認知症対応型共同生活介護</u>の3種類である。 ○

重要ポイント まとめて CHECK!!

Point 5 保険給付・サービスの種類

要介護者・要支援者を対象とする保険給付には、**介護給付**、**予防給付**と、市町村独自の**市町村特別給付**があります。

予防給付 対象：要支援1、2	介護給付 対象：要介護1～5
■**介護予防サービス** ○介護予防訪問入浴介護 ○介護予防訪問看護 ○介護予防訪問リハビリテーション ○介護予防居宅療養管理指導 ○介護予防通所リハビリテーション ○介護予防短期入所生活介護 ○介護予防短期入所療養介護 ○介護予防特定施設入居者生活介護 ○介護予防福祉用具貸与 ○特定介護予防福祉用具販売 ■**地域密着型介護予防サービス** ○介護予防認知症対応型通所介護 ○介護予防小規模多機能型居宅介護 ○介護予防認知症対応型共同生活介護 ■**介護予防住宅改修** ■**介護予防支援**	■**居宅サービス** ○訪問介護 ○訪問入浴介護 ○訪問看護 ○訪問リハビリテーション ○居宅療養管理指導 ○通所介護 ○通所リハビリテーション ○短期入所生活介護 ○短期入所療養介護 ○特定施設入居者生活介護 ○福祉用具貸与 ○特定福祉用具販売 ■**地域密着型サービス** ○定期巡回・随時対応型訪問介護看護 ○夜間対応型訪問介護 ○地域密着型通所介護 ○認知症対応型通所介護 ○小規模多機能型居宅介護 ○認知症対応型共同生活介護 ○地域密着型特定施設入居者生活介護 ○地域密着型介護老人福祉施設入所者生活介護 ○看護小規模多機能型居宅介護（複合型サービス） ■**住宅改修** ■**居宅介護支援** ■**施設サービス** ○介護福祉施設サービス ○介護保健施設サービス ○介護医療院サービス

Point 6 特例給付のある給付

● 給付の種類と提供サービス

	給付の種類	提供サービス
介護給付	●居宅介護サービス費 ●特例居宅介護サービス費	居宅サービスに対する給付
	●地域密着型介護サービス費 ●特例地域密着型介護サービス費	地域密着型サービスに対する給付
	●施設介護サービス費 ●特例施設介護サービス費	施設サービスに対する給付
	●居宅介護サービス計画費 ●特例居宅介護サービス計画費	居宅介護支援に対する給付
	●特定入所者介護サービス費 ●特例特定入所者介護サービス費	低所得者の居住費、滞在費、食費の負担を軽減する給付
予防給付	●介護予防サービス費 ●特例介護予防サービス費	介護予防サービスに対する給付
	●地域密着型介護予防サービス費 ●特例地域密着型介護予防サービス費	地域密着型介護予防サービスに対する給付
	●介護予防サービス計画費 ●特例介護予防サービス計画費	介護予防支援に対する給付
	●特定入所者介護予防サービス費 ●特例特定入所者介護予防サービス費	低所得者の居住費、滞在費、食費の負担を軽減する給付

 得点UP のカギ

【特例○○サービス費とは】

・次のような場合に、保険者が認めれば償還払いで給付。
　→要介護認定申請前にサービスを受けた。
　→指定サービス以外の、基準該当サービス、離島などでの相当サービスを受けた。

Q78 居宅介護サービス計画費・介護予防サービス計画費は、10割が保険給付される。

Q79 施設サービスを利用した際の食費については、保険給付の対象となる。

注目

Q80 おむつ代は、特定施設入居者生活介護では、保険給付の対象とはならない。

注目

Q81 被保険者が自ら居宅サービス計画を作成した場合は、居宅介護サービス費は償還払いとなる。

Q82 現役並み所得に相当する第1号被保険者は、高額介護サービス費の支給対象外である。

Q83 高額医療合算介護サービス費は、償還払いで支給される。

Q84 特定入所者介護サービス費は、特定介護サービスを利用した場合の食費、居住費、滞在費について負担限度額を超える費用が給付対象となる。

A78 設問の2つの給付以外は、利用者はサービス費用の原則1割（一定以上所得のある第1号被保険者は2割または3割）を負担する。 ○

A79 食費、居住費は原則として全額が利用者負担となるが、低所得者には補足給付が設定されている。 ✕

A80 一方、施設サービス、地域密着型介護老人福祉施設入所者生活介護、短期入所サービスでは、おむつ代は保険給付の対象となる。 ○

A81 自ら作成した居宅サービス計画を市町村に届け出ることなどにより、居宅介護サービス費は現物給付となる。 ✕

A82 高額介護サービス費は、すべての要介護者が対象で、1か月に支払った定率の自己負担額が、所得区分別の負担上限額を超えた場合に支給される。 ✕

A83 高額医療合算介護サービス費は、福祉用具購入費と住宅改修費の自己負担分は対象外となる（高額介護サービス費も同様）。 ○

A84 特定介護サービスとは、施設サービス、地域密着型介護老人福祉施設入所者生活介護、短期入所サービスである。 ○

Q85 特別な事情がある場合でも、市町村は保険給付率を9割以上にすることはできない。

Q86 社会福祉法人等による利用者負担額軽減制度の対象には、居住費が含まれる。

注目

Q87 社会福祉法人等による利用者負担額軽減制度の対象となるサービスには、訪問入浴介護が含まれる。

Q88 介護報酬の請求はサービス提供月ごとに月末までに行い、その翌月に支払いを受ける。

Q89 介護給付費等審査委員会の委員は、都道府県知事が任命する。

Q90 介護保険料、介護給付費・地域支援事業支援納付金などの徴収金を徴収する権利の消滅時効は、2年である。

注目

Q91 市町村が、介護報酬を過払いした場合の返還請求権の消滅時効は5年である。

A85 災害その他の特別な事情がある場合は、市町村は保険給付率を9割（または8割か7割）を超え、10割以下にすることができる。 ×

A86 社会福祉法人等による利用者負担額軽減制度の対象は、介護サービスの定率負担分、食費、居住費、滞在費、宿泊費である。 ○

A87 訪問入浴介護、福祉用具貸与、また、訪問看護などの一定の医療サービスは対象外である。 ×

A88 介護報酬の請求はサービス提供月の翌月10日までに行い、請求月の翌月末に支払いを受ける。 ×

A89 介護給付費等審査委員会の委員は、国保連が委嘱し、任期は2年である。 ×

A90 介護保険料など徴収金を督促した場合には、時効は更新される。 ○

A91 市町村が、介護報酬を過払いした場合の返還請求権の消滅時効は5年で、それが不正請求によるものの場合は、2年である。 ○

Q92

利用したサービス費用が区分支給限度基準額を下回った場合は、余った分を翌月に繰り越すことができる。

Q93

新規認定を受けて月の途中から認定の有効期間が始まった場合、区分支給限度基準額は1か月分が適用される。

Q94

市町村は条例により、厚生労働大臣が定める支給限度基準額を上回る額を設定できる。

Q95

居宅療養管理指導は、区分支給限度基準額が設定される。

Q96

短期利用の認知症対応型共同生活介護は、区分支給限度基準額が設定されない。

注目

Q97

特定福祉用具販売には、区分支給限度基準額は設定されない。

注目

Q98

施設サービスには、区分支給限度基準額は設定されない。

A92

区分支給限度基準額を下回っても、余った分を翌月に繰り越すことはできない。

A93

また、月の途中で要介護状態区分等が変更になった場合は、要介護状態区分等の重いほうの1か月分の区分支給限度基準額が適用される。

A94

これを上乗せサービスともいう。なお、財源は基本的に第1号保険料となる。

A95

居宅療養管理指導、介護予防居宅療養管理指導は、ケアプランに位置づけなくても現物給付され、区分支給限度基準額は設定されない。

A96

認知症対応型共同生活介護は、短期利用の場合は、区分支給限度基準額が設定される。

A97

特定福祉用具販売は、区分支給限度基準額ではなく、単独で福祉用具購入費支給限度基準額が設定され、同一年度で10万円である。

A98

施設サービスは単独で利用するサービスで、介護報酬に基づき費用の上限額が定められるため、区分支給限度基準額は設定されない。

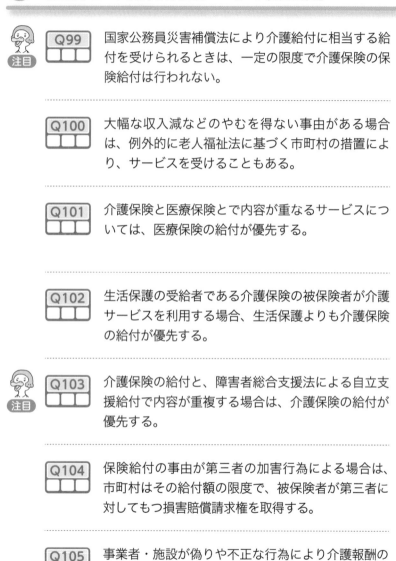

Q99 国家公務員災害補償法により介護給付に相当する給付を受けられるときは、一定の限度で介護保険の保険給付は行われない。

Q100 大幅な収入減などのやむを得ない事由がある場合は、例外的に老人福祉法に基づく市町村の措置により、サービスを受けることもある。

Q101 介護保険と医療保険とで内容が重なるサービスについては、医療保険の給付が優先する。

Q102 生活保護の受給者である介護保険の被保険者が介護サービスを利用する場合、生活保護よりも介護保険の給付が優先する。

Q103 介護保険の給付と、障害者総合支援法による自立支援給付で内容が重複する場合は、介護保険の給付が優先する。

Q104 保険給付の事由が第三者の加害行為による場合は、市町村はその給付額の限度で、被保険者が第三者に対してもつ損害賠償請求権を取得する。

Q105 事業者・施設が偽りや不正な行為により介護報酬の支払いを受けた場合は、市町村は事業者等に対し、４割加算した額を支払わせることができる。

| A99 | 公務災害、労働災害、国家補償に関する災害補償関係各法による給付は、介護保険の給付よりも優先して適用される。 | ○ |

| A100 | 措置が行われるやむを得ない事由とは、本人が家族の虐待・無視を受けている、本人の意思能力が乏しいなど契約による利用が望めない場合である。 | × |

| A101 | 要介護者等に対するサービスで、介護保険と医療保険とで内容が重なるものについては、介護保険の給付が優先する。 | × |

| A102 | 介護保険の給付が優先する。利用者負担分は生活保護の介護扶助から、第1号被保険者の保険料は生活保護の生活扶助から給付される。 | ○ |

| A103 | なお、障害者施策固有のサービスは、障害者総合支援法その他障害者福祉制度から給付される。 | ○ |

| A104 | 保険給付を行う前に、被保険者が第三者から損害賠償を受けた場合には、市町村はその価額の限度において保険給付を行わなくてもよい。 | ○ |

| A105 | また、被保険者が不正に特定入所者介護サービス費の給付を受けた場合には、市町村は、給付額の2倍以下の額を加算して徴収できる。 | ○ |

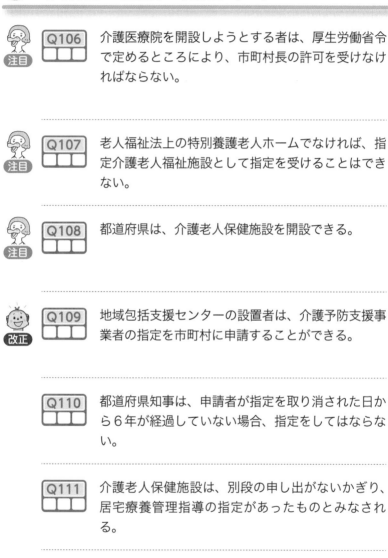

Q106 介護医療院を開設しようとする者は、厚生労働省令で定めるところにより、市町村長の許可を受けなければならない。

Q107 老人福祉法上の特別養護老人ホームでなければ、指定介護老人福祉施設として指定を受けることはできない。

Q108 都道府県は、介護老人保健施設を開設できる。

Q109 地域包括支援センターの設置者は、介護予防支援事業者の指定を市町村に申請することができる。

Q110 都道府県知事は、申請者が指定を取り消された日から6年が経過していない場合、指定をしてはならない。

Q111 介護老人保健施設は、別段の申し出がないかぎり、居宅療養管理指導の指定があったものとみなされる。

Q112 すべての事業者・施設の指定には有効期間があり、5年ごとに更新の必要がある。

A106

介護医療院を開設しようとする者は、厚生労働省令で定めるところにより、都道府県知事（指定都市・中核市では市長）の許可を受けなければならない。　×

A107

また、特別養護老人ホームの設置認可を受けられるのは、地方公共団体と社会福祉法人、地方独立行政法人である。　〇

A108

介護老人保健施設を開設できるのは、地方公共団体（都道府県、市町村）、医療法人、社会福祉法人などである。　〇

A109

制度改正により2024年度からは、指定居宅介護支援事業者も、介護予防支援事業者の指定を市町村に申請することができる。　〇

A110

申請者が指定を取り消された日から5年が経過していなければ、都道府県知事の指定を受けられない。　×

A111

介護老人保健施設は、短期入所療養介護、通所リハビリテーション（介護予防も同様）について、指定の特例（みなし指定）がある。　×

A112

事業者・施設の指定の有効期間は6年で、更新するには事業者が申請しなければならない。　×

13 事業者・施設の指定（2）

Q113 共生型サービスの事業者指定は、市町村長が行う。

Q114 障害者福祉制度における短期入所の基準を満たした事業所であれば、共生型短期入所生活介護事業者としての指定を受けられる。

Q115 市町村長は、地域密着型サービス事業者の指定をする場合に、被保険者その他関係者の意見を反映させるために、必要な措置を講じるよう努める。

Q116 市町村長は、定期巡回・随時対応型訪問介護看護等の指定を公募により行うことができる。

Q117 市町村長は、介護保険施設に対し、報告命令や立ち入り検査を行うことはできない。

Q118 市町村長は、指定居宅サービス事業者が介護報酬の不正請求をした場合には、指定を取り消すことができる。

Q119 訪問看護は、基準該当サービスが認められている。

A113 共生型サービスのうち、市町村長が指定を行うのは<u>地域密着型</u>サービスである。居宅サービスと介護予防サービスは<u>都道府県知事</u>が行う。 ✕

A114 介護報酬は、おおむね障害者福祉制度での報酬の水準で設定される。また、<u>生活相談員</u>を配置し、地域に貢献する活動を実施している場合には<u>加算</u>がされる。 ◯

A115 市町村長は、指定をしないこととする場合にも、<u>被保険者</u>その他関係者の意見を反映させるために、必要な措置を講じるよう努める。 ◯

A116 公募による指定を行う場合は、対象となる期間や区域を定め、<u>厚生労働省令</u>の定める基準に従い行う。 ◯

A117 市町村長は、すべての事業者・施設に対して、報告命令や立ち入り検査を行うことが<u>できる</u>。 ✕

A118 指定居宅サービス事業者の指定の取り消しは、<u>都道府県知事</u>が行う。市町村長は、指定取り消し事由に該当する旨を都道府県知事に<u>通知</u>する。 ✕

A119 訪問看護などの医療サービス、<u>地域密着型</u>サービス、施設サービスには、基準該当サービスが認められて<u>いない</u>。 ✕

Q120 サービス提供の開始後に、すみやかに重要事項を記した文書を交付する必要がある。

Q121 事業所の現員では利用申込みに応じきれないという理由で、サービスの提供を拒否することはできない。

注目

Q122 利用申込者の要介護認定の申請が行われていない場合には、申請が行われるよう必要な援助をしなければならない。

Q123 利用者が正当な理由なく指示に従わずに、要介護状態の程度を増進させた場合には、意見を付してその旨を市町村に通知しなければならない。

Q124 従業者が業務上知り得た利用者などの秘密を、退職後も漏らさないよう、雇用時に取り決めをするなど必要な措置を講じる。

Q125 正当な理由があれば、指定居宅介護支援事業者に利益を供与してもよい。

Q126 利用者からの苦情に関する改善内容は、毎年市町村に報告しなければならない。

A120

サービス提供の開始に際し、あらかじめ、重要事項を記した文書を交付して説明し、利用申込者の同意を得なければならない。 ✕

A121

事業所の現員では利用申込みに応じきれないというのは、サービス提供を拒否できる正当な理由である。 ✕

A122

また、更新認定の申請は、必要な場合は、遅くとも有効期間が終了する30日前までにはなされるよう援助する。 ○

A123

利用者が偽りその他不正な行為により保険給付を受けたり受けようとした場合にも、意見を付してその旨を市町村に通知する。 ○

A124

なお、サービス担当者会議などにおいて、利用者や家族の個人情報を開示する必要がある場合は、本人にあらかじめ文書により同意を得る。 ○

A125

指定居宅介護支援事業者への利益供与は禁止されている。 ✕

A126

市町村から求めがあった場合に、苦情に関する改善の内容を報告する。 ✕

重要ポイント まとめて CHECK!!

Point 7 事業者の指定・介護サービス情報の公表

● 事業者の指定

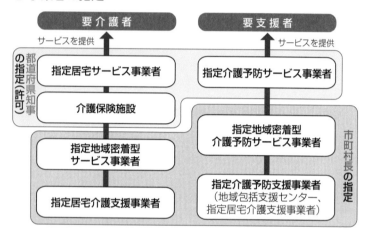

要介護者 ← サービスを提供
要支援者 ← サービスを提供

都道府県知事の指定（許可）
- 指定居宅サービス事業者
- 介護保険施設
- 指定地域密着型サービス事業者
- 指定居宅介護支援事業者

市町村長の指定
- 指定介護予防サービス事業者
- 指定地域密着型介護予防サービス事業者
- 指定介護予防支援事業者（地域包括支援センター、指定居宅介護支援事業者）

指定（許可）の有効期間は6年で、事業者や施設が引き続きサービスの提供を行う場合には、指定（許可）の**更新**が必要です。

● 介護サービス情報の公表

利用者が適切に介護サービスを選択できるよう、事業者や施設は、以下の**介護サービスに関する情報**を都道府県知事または指定都市市長に**報告**します。その報告の内容を都道府県知事または指定都市市長が**公表**し、必要に応じて報告内容を調査します。

○**基本情報**……事業所の職員の体制、サービス提供時間、運営方針、介護サービスの内容、設備、利用料金など。

○**運営情報**……介護サービスに関するマニュアルの有無、身体的拘束を廃止する取り組みの有無、職員研修の状況など。

○**任意報告情報**……介護サービスの質および介護サービス従業者に関する情報。

Point 8 事業者の指定基準

指定基準には、以下の内容がサービスごとに定められています。

○基本方針

○人員基準

○設備基準（居宅介護支援、介護予防支援にはない）

○運営基準

○介護予防のための効果的な支援の方法に関する基準
　（予防給付にかかるサービスのみ）

○基準該当サービスに関する基準（認められているサービスのみ）

【基準の条例委任】

・人員・設備・運営基準は指定を受けるための要件であり、守っていない場合は指定取り消しの事由となる。

・基準は、国の定める省令の基準に応じて、事業者等の指定権者である都道府県または市町村が条例に定める。

● 共生型サービス事業者の指定・指定基準

児童福祉法または障害者総合支援法の指定を受けている事業者から、介護保険法のサービスにかかる指定の申請があった場合は、都道府県または市町村の条例で別途定められる、共生型サービスの人員・設備・運営基準に照らして指定を行うことができます。このような指定を受けた事業者を共生型サービス事業者といいます。

【共生型サービスとは】

・介護保険または障害者福祉のいずれかのサービスの指定を受けている事業所が、もう一方の制度における指定も受けやすくするための特例を、共生型サービスという。

・介護保険制度において共生型サービスの対象となるのは、訪問介護、（地域密着型）通所介護、（介護予防）短期入所生活介護である。

・共生型居宅サービスと共生型介護予防サービスは都道府県知事、共生型地域密着型サービスは市町村長が指定を行う。

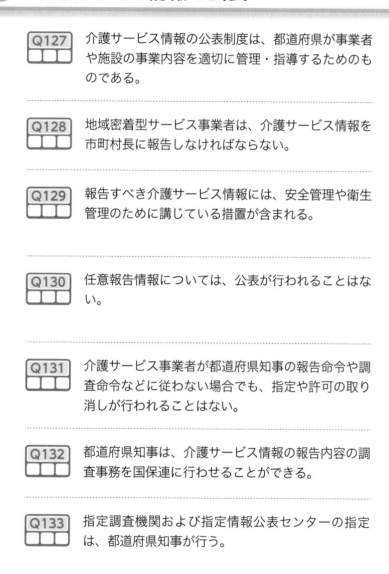

15 介護サービス情報の公表

Q127 介護サービス情報の公表制度は、都道府県が事業者や施設の事業内容を適切に管理・指導するためのものである。

Q128 地域密着型サービス事業者は、介護サービス情報を市町村長に報告しなければならない。

Q129 報告すべき介護サービス情報には、安全管理や衛生管理のために講じている措置が含まれる。

Q130 任意報告情報については、公表が行われることはない。

Q131 介護サービス事業者が都道府県知事の報告命令や調査命令などに従わない場合でも、指定や許可の取り消しが行われることはない。

Q132 都道府県知事は、介護サービス情報の報告内容の調査事務を国保連に行わせることができる。

Q133 指定調査機関および指定情報公表センターの指定は、都道府県知事が行う。

A127 介護サービス情報の公表制度は、<u>利用者</u>が適切にサービスを比較検討し<u>選択</u>できるためのものである。

A128 介護サービス情報は<u>都道府県知事</u>（指定都市では市長、以下同）に報告しなければならない。

A129 介護サービス情報には、職員や介護サービスの内容などの<u>基本情報</u>、事業者や施設の運営に関する情報（<u>運営情報</u>）、任意報告情報がある。

A130 任意報告情報を介護サービス事業者から任意で提供を受けた場合、都道府県知事は<u>公表</u>を行うよう配慮する。

A131 都道府県知事は、自ら指定した事業者が報告命令や調査命令などに従わない場合に、指定や許可の<u>取り消し</u>などを行う。

A132 都道府県知事は、報告内容の調査事務を<u>指定調査機関</u>に行わせることができる。

A133 また、指定情報公表センターおよび指定調査機関、その役職員には、<u>秘密保持義務</u>が課される。

59

16 地域支援事業 (1)

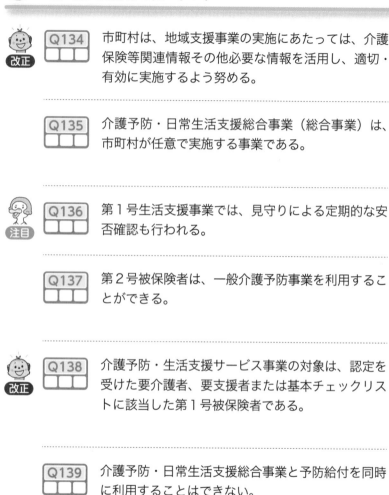

Q134 市町村は、地域支援事業の実施にあたっては、介護保険等関連情報その他必要な情報を活用し、適切・有効に実施するよう努める。

Q135 介護予防・日常生活支援総合事業（総合事業）は、市町村が任意で実施する事業である。

Q136 第1号生活支援事業では、見守りによる定期的な安否確認も行われる。

Q137 第2号被保険者は、一般介護予防事業を利用することができる。

Q138 介護予防・生活支援サービス事業の対象は、認定を受けた要介護者、要支援者または基本チェックリストに該当した第1号被保険者である。

Q139 介護予防・日常生活支援総合事業と予防給付を同時に利用することはできない。

Q140 制度改正により2024年度から、地域包括支援センターの設置者は、包括的支援事業のうち、権利擁護業務の一部を指定居宅介護支援事業者に委託することができるようになった。

A134

また、後期高齢者医療広域連合との連携を図り、高齢者保健事業および国民健康保険保健事業と一体的に実施するよう努める。

〇

A135

地域支援事業には①介護予防・日常生活支援総合事業、②包括的支援事業、③任意事業があり、①、②は市町村の必須事業である。

✕

A136

また、栄養改善などを目的とした配食や緊急時の対応も行われる。

〇

A137

一般介護予防事業は、すべての第1号被保険者とその支援のための活動にかかわる人が対象である。

✕

A138

2020年の制度改正により、要介護者も事業の対象に追加された。ただし、認定前から補助により実施される介護予防・生活支援サービス事業を利用していた者にかぎられる。

〇

A139

要支援者は、介護予防支援に基づき、介護予防・日常生活支援総合事業と予防給付を同時に利用することができる。

✕

A140

包括的支援事業のうち、総合相談支援業務の一部を指定居宅介護支援事業者に委託することができる。

✕

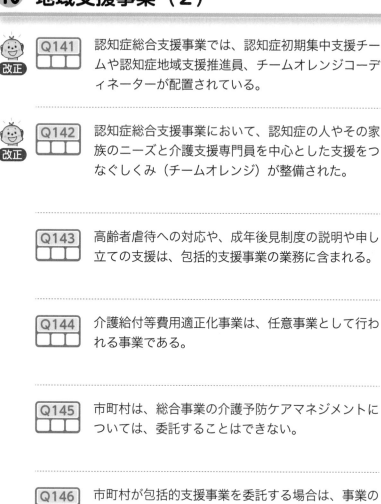

改正 **Q141** 認知症総合支援事業では、認知症初期集中支援チームや認知症地域支援推進員、チームオレンジコーディネーターが配置されている。

改正 **Q142** 認知症総合支援事業において、認知症の人やその家族のニーズと介護支援専門員を中心とした支援をつなぐしくみ（チームオレンジ）が整備された。

Q143 高齢者虐待への対応や、成年後見制度の説明や申し立ての支援は、包括的支援事業の業務に含まれる。

Q144 介護給付等費用適正化事業は、任意事業として行われる事業である。

Q145 市町村は、総合事業の介護予防ケアマネジメントについては、委託することはできない。

Q146 市町村が包括的支援事業を委託する場合は、事業のすべてを一括して委託しなければならない。

Q147 市町村は、地域支援事業として居宅サービス事業を行うことができる。

A141 認知症総合支援事業、在宅医療・介護連携推進事業、生活支援体制整備事業は、法改正により2015年度から包括的支援事業に加わった。 ○

A142 介護支援専門員ではなく、認知症サポーターである。チームオレンジを整備し、運営を支援するチームオレンジコーディネーターが市町村や認知症疾患医療センターなどに配置される。 ×

A143 権利擁護業務として、虐待防止や虐待の早期発見のための業務を行う。老人福祉施設などへの措置入所の支援なども行う。 ○

A144 市町村が任意事業として行うことのできる事業に、家族介護支援事業、介護給付等費用適正化事業、その他の事業がある。 ○

A145 市町村は、総合事業の介護予防ケアマネジメントについて、地域包括支援センターに委託することができる。 ×

A146 在宅医療・介護連携推進事業、生活支援体制整備事業、認知症総合支援事業は、分割委託も可能である。 ×

A147 市町村は、保健福祉事業として、居宅サービス事業や居宅介護支援事業など保険給付のために必要な事業などを行うことができる。 ×

17 地域包括支援センター

Q148 地域包括支援センターは、都道府県が設置することができる。

Q149 地域包括支援センターは、一般介護予防事業を行う。

Q150 地域包括支援センターは、予防給付の介護予防支援を行う。

Q151 地域包括支援センターには、原則として保健師、介護福祉士、主任介護支援専門員が配置される。

Q152 地域包括支援センター運営協議会は、都道府県ごとに設置される。

Q153 地域包括支援センターの設置者やその役職員などには、業務で知り得た秘密についての守秘義務はない。

Q154 市町村は、包括的・継続的ケアマネジメント支援業務の効果的な実施のために、地域ケア会議を設置するよう努めなければならない。

A148 地域包括支援センターは、市町村が直接設置する(直営型)のほか、市町村により包括的支援事業の委託を受けた法人が設置できる(委託型)。　×

A149 地域包括支援センターは、包括的支援事業、一般介護予防事業、任意事業を行うほか、介護予防ケアマネジメントを一括して行う。　○

A150 介護予防支援(予防給付のケアマネジメント)と、地域支援事業の介護予防ケアマネジメントは、連続性・一貫性をもって行われる。　○

A151 地域包括支援センターには、原則として保健師、社会福祉士、主任介護支援専門員が各1人配置される。　×

A152 地域包括支援センター運営協議会は、市町村ごとに設置され、地域包括支援センターの設置・運営に関与する。　×

A153 地域包括支援センターの設置者やその役職員などには、業務で知り得た秘密についての守秘義務が課せられる。　×

A154 市町村は、地域ケア会議において必要な場合は、関係者などに資料・情報の提供、意見の開陳などの協力を求めることができる。　○

重要ポイント まとめて CHECK!!

Point 9 地域支援事業

地域支援事業には、**介護予防・日常生活支援総合事業**、**包括的支援事業**、**任意事業**の3つがあります。地域支援事業は実施するにあたり、市町村での介護予防関係事業の実施状況や介護保険の運営状況、**75歳以上の被保険者の数**などを勘案して、政令で定める額の範囲内で行わなければなりません。

また、制度改正により、**高齢者の保健事業等との一体的な実施**（2020年4月施行）、**介護保険等関連情報その他必要な情報の活用**（2021年4月施行）に努めることなどが規定されています。

● 地域支援事業の構成

介護予防・日常生活支援総合事業（必須事業）	
事業	介護予防・生活支援サービス事業（第1号事業） 　● 訪問型サービス（第1号訪問事業） 　● 通所型サービス（第1号通所事業） 　● 生活支援サービス（第1号生活支援事業） 　● 介護予防ケアマネジメント（第1号介護予防支援事業） 一般介護予防事業 　● 介護予防把握事業 　● 介護予防普及啓発事業 　● 地域介護予防活動支援事業 　● 一般介護予防事業評価事業 　● 地域リハビリテーション活動支援事業

包括的支援事業（必須事業）	
事業	①第1号介護予防支援事業（要支援者以外） ②総合相談支援業務（事業） ③権利擁護業務（事業） ④包括的・継続的ケアマネジメント支援業務（事業） ⑤在宅医療・介護連携推進事業 ⑥生活支援体制整備事業 ⑦認知症総合支援事業

任意事業（任意で実施）	
事業	介護給付等費用適正化事業、家族介護支援事業、その他の事業

Point10 地域包括ケアシステムと地域包括支援センター

地域包括ケアシステムとは、介護が必要になっても、高齢者が住み慣れた地域で、尊厳ある「その人らしい生活」を維持できるように、日常生活の場において、**医療**、**介護**、**介護予防**、住まい、自立した**日常生活の支援**が切れ目なく、包括的に提供される体制です。2017（平成29）年の法改正でも、その深化・推進が掲げられています。地域包括支援センターは、地域包括ケアシステムの中心的な機関としての役割が期待されています。

● 地域包括ケアシステムのイメージ

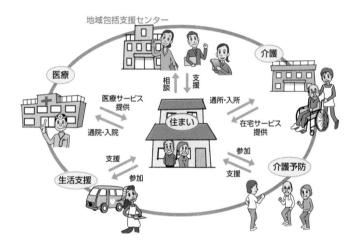

得点UP の カギ	【地域包括支援センターの業務】
	・包括的支援事業 ┐
	・介護予防ケアマネジメント │
	・一般介護予防事業 ├ 地域支援事業
	・任意事業 │
	・介護予防支援－予防給付 ┘

Q155 居宅給付費の公費負担割合は、国が25％、都道府県が12.5％、市町村が12.5％である。

Q156 第１号被保険者と第２号被保険者の保険料の負担割合は、同じである。

Q157 国の調整交付金は、災害などで定率負担の減免を行った市町村では、５％以上になる。

Q158 財政安定化基金の財源は、国が２分の１、都道府県と市町村が４分の１ずつを負担する。

Q159 財政安定化基金では、見込みを上回る介護給付費増大により、財政不足が生じた市町村に対して、必要額を貸付する。

Q160 第１号被保険者の保険料率は、政令により３年ごとに改定される。

Q161 第１号被保険者の所得段階別定額保険料は、原則として９段階に設定されている。

A155 ○

施設等給付費（介護保険施設と特定施設にかかる給付費）については、国が20％、都道府県が17.5％、市町村が12.5％である。なお、国の負担には、調整交付金（5％）が含まれる。

A156 ×

第1号被保険者と第2号被保険者の保険料の負担割合は、それぞれの人口の割合に応じたもので、同じではない。

A157 ○

国は、市町村間の財政力の格差是正のため、調整交付金を交付する。災害時などの定率負担減免なども、格差是正の事項に含まれる。

A158 ×

国の負担、都道府県の負担、市町村の拠出金は、それぞれ3分の1ずつである。

A159 ○

介護給付費などが見込みを上回って増大し、財政不足が生じた場合には、必要な資金が年度ごとに財政安定化基金から貸付される。

A160 ×

第1号被保険者の保険料率は、原則として市町村が条例によって3年ごとに設定する。

A161 ○

市町村は、条例に定めるところにより、9段階の所得段階をさらに細かくしたり、各段階の保険料率を変更したりすることもできる。

Q162 特別徴収の対象となるのは、年額18万円以上の老齢・退職年金、遺族年金、障害年金を受給している第1号被保険者である。

Q163 普通徴収の場合、第1号被保険者の配偶者および世帯主には、保険料の連帯納付義務が課せられる。

Q164 市町村は、普通徴収による収納事務について、私人に委託することはできない。

Q165 介護保険料の代理払いは、いかなる場合も認められていない。

Q166 第2号被保険者が健康保険の加入者である場合は、事業主はその介護保険料を負担する必要はない。

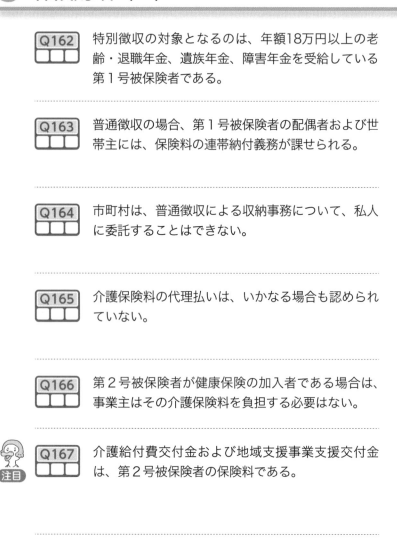

注目 **Q167** 介護給付費交付金および地域支援事業支援交付金は、第2号被保険者の保険料である。

Q168 第1号保険料を要介護者が1年以上滞納している場合、保険給付は現物給付ではなく償還払いとなる。

A162 第1号被保険者の保険料は、原則として、年金保険者を通して徴収する特別徴収によって徴収される。 ○

A163 市町村が第1号被保険者の保険料を普通徴収によって徴収するのは、無年金者か低年金者（年額18万円未満）の場合である。 ○

A164 市町村は、第1号被保険者の保険料の収納事務について、コンビニエンスストアなどの私人に委託することができる。 ✕

A165 生活保護を受給する第1号被保険者の場合、福祉事務所など保護の実施機関が、生活保護受給者に代わり直接市町村に支払うことができる。 ✕

A166 第2号被保険者の介護保険料については医療保険料と同様に、事業主が一部を負担する。 ✕

A167 社会保険診療報酬支払基金は、医療保険者から集めた介護給付費・地域支援事業支援納付金を、各市町村に介護給付費交付金と地域支援事業支援交付金として交付する。 ○

A168 保険料滞納者には、保険給付の償還払い化、保険給付の一時差し止め、滞納保険料と保険給付との相殺といった措置が段階的に行われる。 ○

19 国保連の業務と審査請求

Q169 国民健康保険団体連合会（国保連）は、市町村の委託を受けて介護給付費や総合事業の費用の審査・支払い業務を行う。

Q170 国保連は、独自の業務として、第三者行為に対する損害賠償金の徴収・収納事務を行う。

注目 **Q171** 国保連は、介護保険施設の運営をすることができる。

Q172 国保連は、苦情処理の業務に関連し、事業者に強制権限を伴う立ち入り検査を行うことができる。

Q173 介護保険審査会の審理対象には、被保険者証の交付の請求に関する処分が含まれる。

注目 **Q174** 要介護認定等に関する処分の審査請求は、市町村代表委員で構成される合議体で取り扱う。

Q175 介護保険審査会には、保健・医療・福祉の学識経験者を専門調査員として置くことができる。

A169 国保連は、介護給付費や総合事業の費用の審査・支払い業務を行うため、<u>介護給付費等審査委員会</u>を設置する。 ○

A170 国保連は、市町村の<u>委託</u>を受けて、<u>第三者行為</u>に対する損害賠償金の徴収・収納事務を行う。 ×

A171 国保連は、<u>指定居宅サービス</u>、指定地域密着型サービス、<u>指定居宅介護支援</u>、指定介護予防サービスなどの運営も行うことができる。 ○

A172 強制的な立ち入り検査や指定の取り消しができるのは<u>都道府県知事</u>または<u>市町村長</u>であり、国保連にはそのような権限は<u>ない</u>。 ×

A173 要介護認定や<u>被保険者証</u>の交付の請求など保険給付に関する処分、保険料その他介護保険法の規定による<u>徴収金</u>に関する処分が審理対象となる。 ○

A174 要介護認定等に関する処分の審査請求は、<u>公益代表委員</u>で構成される合議体で取り扱う。 ×

A175 <u>専門調査員</u>は都道府県知事が任命し、その身分は非常勤特別職の地方公務員である。 ○

重要ポイント まとめて CHECK!!

Point 11 国保連の業務

● 国保連の業務

市町村から の委託業務	○介護給付費の審査・支払い ○介護予防・日常生活支援総合事業の第1号事業支給費、総合事業の費用の審査・支払い ○第三者行為への損害賠償金の徴収・収納事務
独立業務	苦情処理
その他	○指定居宅サービス、指定地域密着型サービス、指定居宅介護支援、指定介護予防サービス、指定地域密着型介護予防サービスの事業や介護保険施設の運営 ○その他、介護保険事業の円滑な運営に資する事業

● 国保連による苦情処理の業務

国保連は、独立した業務として、介護サービスを利用した利用者のサービスに関する苦情の受け付けや相談を行います。

苦情の 受け付け	申し立ては原則として書面で行う。 （必要に応じて口頭による申し立てを認める）
↓	
調査	必要に応じて事務局が指定居宅サービス事業者や介護保険施設の調査を行い、苦情処理担当の委員に報告。
↓	
改善事項 の提示	苦情処理担当の委員が報告内容を検討し、改善すべき事項を提示、その事項を事務局が事業者・施設に提示し、指導や助言を行う。
↓	
通知	事務局が申立人に調査結果や指導内容などを通知する。 ※事業者・施設に対し、強制権限を伴う立ち入り検査、指定の取り消しなどを行う権限はない。

Point12 介護保険審査会の業務

●介護保険審査会による不服審査

被保険者は、市町村の行う**要介護認定等**や保険料の**徴収**などについて不服がある場合、各**都道府県**に設置される**介護保険審査会**に審査請求を行うことができます。

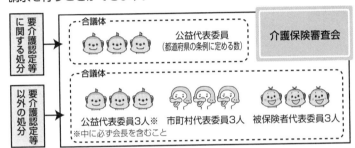

●介護保険審査会と介護認定審査会の違い

機関名	介護保険審査会	介護認定審査会
内容	市町村の行った処分に対する**不服申し立て**の審理・裁決	**要介護認定**における審査・判定
設置	都道府県の附属機関	市町村の附属機関
委員・委員定数	①市町村代表委員3人 ②被保険者代表委員3人 ③公益代表委員3人以上	○保健・医療・福祉の学識経験者 ○定数は、必要数の合議体（5人を標準）を設置できる数を市町村の条例で定める
任命	都道府県知事	市町村長
任期	3年	2年（市町村が条例に定める場合は2年を超え3年以下）

Q176 指定居宅介護支援事業所の利用者数によっては、常勤の介護支援専門員を置かなくてもよい。

Q177 指定居宅介護支援事業所の管理者は、原則として主任介護支援専門員でなければならない。

Q178 利用申込者がほかの指定居宅介護支援事業者にもあわせて指定居宅介護支援の依頼をしていることが明らかな場合は、サービスの提供を拒否できる。

Q179 利用者から利用申込みがあった場合は、保険者に対し、要介護認定の有無や有効期間などの確認をしなければならない。

Q180 利用者の更新認定の申請が、有効期間が終了する30日前までにはなされるよう援助する。

Q181 要介護認定を受けている利用者が要支援認定を受けた場合は、直近の居宅サービス計画とその実施状況に関する書類を利用者に交付しなければならない。

Q182 指定居宅介護支援事業者は、居宅サービス計画に位置づけた居宅サービスなどについての苦情を受け付ける必要はない。

A176 ☐☐☐ 事業所には常勤の介護支援専門員が1人以上必要。利用者35人またはその端数を増すごとに増員するが、増員については非常勤でも可。 ✕

A177 ☐☐☐ 管理者を主任介護支援専門員とする要件の適用は、2026年度末まで経過措置が延長された。また、やむを得ない場合は、保険者の判断により介護支援専門員とすることも可能となった。 ○

A178 ☐☐☐ 事業所の現員では利用申込みに応じきれない、利用申込者の居住地が通常の事業実施地域外の場合もサービス提供拒否ができる。 ○

A179 ☐☐☐ 利用申込みがあった場合は、被保険者証で、被保険者資格、要介護認定の有無、有効期間などを確認する。 ✕

A180 ☐☐☐ 有効期間満了日の60日前から満了日までの間に更新認定の申請を行うことができるが、30日前までには申請がなされるよう援助する。 ○

A181 ☐☐☐ 利用者がほかの事業者の利用を希望する場合も、直近の居宅サービス計画とその実施状況に関する書類を利用者に交付しなければならない。 ○

A182 ☐☐☐ 自ら提供したサービスに加え、居宅サービス計画に位置づけた居宅サービスなどについての苦情も受け付ける。 ✕

77

Q183 居宅介護支援事業所の従業者で、介護について豊富な知識と経験を有する者であれば、介護支援専門員でなくても居宅サービス計画を作成できる。

Q184 アセスメントは、利用者が入院中などの場合を除き、利用者の居宅を訪問し、利用者および家族に面接して行わなければならない。

Q185 課題分析標準項目には、認知機能や判断能力に関する項目が含まれる。

Q186 居宅サービス計画は、利用したいサービスを優先する「サービス優先アプローチ」で作成されなければならない。

Q187 居宅サービス計画の支援目標では、介護支援専門員の専門的な判断による意見を優先して記載する。

Q188 居宅サービス計画には、基本的に介護保険制度の保険給付対象のサービスのみを位置づけなければならない。

Q189 訪問看護などの医療サービスは、介護支援専門員の判断で居宅サービス計画に位置づけることができる。

A183 居宅介護支援事業所において、居宅サービス計画の作成に関する業務を行うことができるのは、<u>介護支援専門員</u>のみである。

A184 アセスメントでは、利用者の残存能力を含めた身体・心理的な状態、おかれている<u>環境</u>などを評価し、利用者の生活ニーズを明らかにする。

A185 アセスメントによって、日常の<u>意思決定</u>を行うための認知機能の<u>程度</u>、判断能力の<u>状況</u>について明らかにする。

A186 利用者の生活ニーズが基礎になる「<u>ニーズ</u>優先アプローチ」または利用者本位の「サービス利用者主導アプローチ」が基本である。

A187 支援目標は、利用者が最終的に<u>到達すべき状況</u>や<u>方向性</u>を示すものであり、介護支援専門員と利用者・家族が話し合って記載する。

A188 利用者の日常生活全般を支援する観点から、介護保険の<u>給付対象外</u>のサービス、地域住民の自発的な活動によるサービスなども含める。

A189 医療サービスは、<u>主治の医師</u>等（主治の医師や歯科医師）の<u>指示</u>がある場合にかぎり、居宅サービス計画に位置づけることができる。

Q190

短期入所生活介護を居宅サービス計画に位置づける場合は、原則として、利用合計日数が認定の有効期間のおおむね半数を超えないようにする。

Q191

被保険者証にサービスの種類の指定が記載されている場合、その内容に沿って居宅サービス計画を作成しなければならない。

Q192

福祉用具貸与を居宅サービス計画に位置づける場合は、それが必要な理由を記載しなければならない。

Q193

居宅サービス計画原案の内容について、利用者から文書または口頭により同意を得なければならない。

改正 **Q194**

サービス担当者会議は、居宅サービス計画の新規作成時以外は、必要に応じて開催する。

注目 **Q195**

居宅サービス計画は、利用者または家族に交付しなければならない。

Q196

モニタリングにおいては、利用者側での特段の事情がないかぎり、少なくとも1か月に1回は利用者の居宅を訪問し、利用者に面接しなければならない。

A190
また、短期入所サービスの連続利用日数が30日を超えた分については保険給付されない。

○

A191
被保険者証にサービスの種類の指定があった場合には、介護支援専門員はその変更の申請ができることも含めて利用者に説明する必要がある。

○

A192
福祉用具貸与の継続については、計画の作成後も必要に応じて随時サービス担当者会議で検討し、必要であればその理由を再度記載する。

○

A193
居宅サービス計画原案については、文書によって利用者からの同意を得なければならない。

×

A194
サービス担当者会議は、居宅サービス計画の新規作成時、変更時、利用者が更新認定や区分変更認定を受けたときには、やむを得ない場合を除き、開催する（テレビ電話等の活用も可）。

×

A195
居宅サービス計画は利用者に交付する。また、各サービス担当者にも交付し、各サービス担当者から個別サービス計画の提出を求める。

×

A196
居宅介護支援においては、モニタリングの結果の記録は、少なくとも1か月に1回は行わなければならない。

○

重要ポイント まとめて CHECK!!

Point 13 居宅介護支援の実施

● 居宅介護支援とは

居宅介護支援は、**介護支援専門員**が以下の手順で行います。

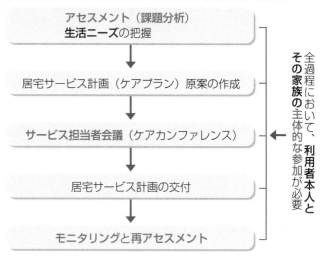

アセスメント（課題分析）
生活ニーズの把握

↓

居宅サービス計画（ケアプラン）原案の作成

↓

サービス担当者会議（ケアカンファレンス） ←

↓

居宅サービス計画の交付

↓

モニタリングと再アセスメント

全過程において、**利用者本人とその家族の**主体的な参加が必要

● 居宅介護支援の介護報酬

居宅介護支援の介護報酬には、加算項目と、減算項目が設定されています。

主な加算	①初回加算　　　　　　　　⑤特定事業所医療介護連携加算 ②特定事業所加算　　　　　⑥通院時情報連携加算 ③入院時情報連携加算　　　⑦緊急時等居宅カンファレンス加算 ④退院・退所加算　　　　　⑧ターミナルケアマネジメント加算
減算	①運営基準減算 ← 右表の ★ の基準を守っていない場合に減算される。 ②特定事業所集中減算

Point14 居宅介護支援の方針

●居宅サービス計画作成に関する国の運営基準のポイント

総合的な居宅サービス計画の作成	利用者の日常生活全般を支援する観点から、総合的で多様な計画となるよう配慮する。
アセスメントの留意点 ★	利用者の居宅を訪問し、利用者およびその家族に面接して行わなければならない。
サービス担当者会議の開催 ★	介護支援専門員は、やむを得ない場合を除き、サービス担当者会議の開催（テレビ電話等を活用しての実施も可）により、原案内容について専門的見地からの意見を求める（更新認定・区分変更認定時にも開催）。
医療サービスを位置づける場合	○利用者が医療サービスの利用を希望する場合は、主治の医師等の意見を求める。 ○医療サービスは、主治の医師等の指示がある場合にかぎり計画に位置づける。 ○主治の医師等の意見を求めた場合、介護支援専門員は、作成した居宅サービス計画を主治の医師等に交付しなければならない。
短期入所サービスを位置づける場合	短期入所サービスを利用する日数が要介護認定の有効期間のおおむね半数を超えないように配慮する。
福祉用具貸与を位置づける場合	福祉用具貸与が必要な理由を記載しなければならない。また、計画の作成後も必要に応じて随時サービス担当者会議を開いて、その継続の必要性について検証し、必要な場合は再度その理由を記載しなければならない（特定福祉用具販売についても必要な理由を記載しなければならない）。
居宅サービス計画への同意と交付★	最終的に作成した居宅サービス計画の原案の内容を、利用者やその家族に十分説明し、文書により利用者の同意を得る。そして、居宅サービス計画を利用者と各サービス担当者に交付する。
モニタリングの実施 ★	○少なくとも1か月に1回、利用者の居宅を訪問し、利用者に面接する。 ○少なくとも1か月に1回、モニタリングの結果を記録する。

22 介護予防支援事業の基準

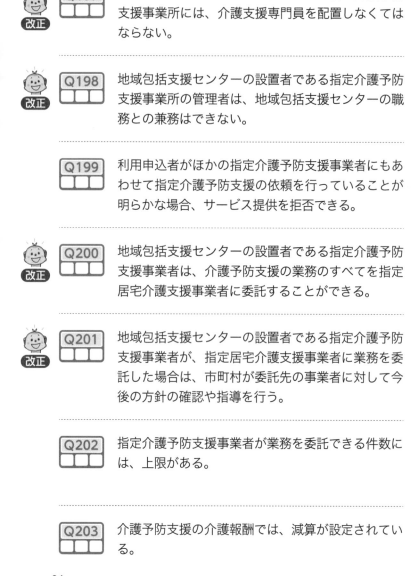

Q197 地域包括支援センターの設置者である指定介護予防支援事業所には、介護支援専門員を配置しなくてはならない。

Q198 地域包括支援センターの設置者である指定介護予防支援事業所の管理者は、地域包括支援センターの職務との兼務はできない。

Q199 利用申込者がほかの指定介護予防支援事業者にもあわせて指定介護予防支援の依頼を行っていることが明らかな場合、サービス提供を拒否できる。

Q200 地域包括支援センターの設置者である指定介護予防支援事業者は、介護予防支援の業務のすべてを指定居宅介護支援事業者に委託することができる。

Q201 地域包括支援センターの設置者である指定介護予防支援事業者が、指定居宅介護支援事業者に業務を委託した場合は、市町村が委託先の事業者に対して今後の方針の確認や指導を行う。

Q202 指定介護予防支援事業者が業務を委託できる件数には、上限がある。

Q203 介護予防支援の介護報酬では、減算が設定されている。

A197	事業所には、<u>保健師</u>、介護支援専門員、<u>社会福祉士</u>、経験ある看護師などの担当職員を<u>1</u>人以上配置する。介護支援専門員にかぎらない。	×

A198	指定介護予防支援事業所の管理者は常勤配置だが、事業所のほかの職務や<u>地域包括支援センター</u>の職務と<u>兼務</u>することは可能である。	×

A199	利用申込者の居住地が、事業所の通常の事業の<u>実施地域外</u>である場合もサービス提供を拒否できる正当な理由となる。	○

A200	地域包括支援センターの設置者である指定介護予防支援事業者は、介護予防支援の業務の<u>一部</u>を指定居宅介護支援事業者に委託することができる。	×

A201	指定居宅介護支援事業者に業務を委託した場合、計画の内容や妥当性、評価の内容について、地域包括支援センターの設置者である<u>指定介護予防支援事業者</u>が確認をする。	×

A202	介護予防支援の委託件数の上限は<u>ない</u>が、委託する業務の範囲および業務量について十分に<u>配慮</u>しなければならない。	×

A203	介護予防支援の介護報酬では、<u>初回</u>加算と<u>委託連携</u>加算が設定されている。減算の設定は<u>ない</u>。	×

Q204
介護予防サービス計画は、目標志向型のものとして作成されなければならない。

Q205 注目
「介護予防サービス・支援計画書」におけるアセスメント領域には、家族の介護力も含まれる。

Q206 注目
「介護予防サービス・支援計画書」には、本人が自ら取り組むセルフケアが盛り込まれる。

Q207
介護予防福祉用具貸与を介護予防サービス計画に位置づける場合は、それが必要な理由を記載しなければならない。

Q208
特定介護予防福祉用具販売を介護予防サービス計画に位置づける場合は、それが必要な理由を記載する必要はない。

Q209
介護予防訪問看護などの医療サービスを介護予防サービス計画に位置づける場合は、主治の医師等の指示は必要ない。

Q210
短期入所サービスを介護予防サービス計画に位置づける場合は、利用合計日数が認定の有効期間のおおむね3分の1を超えないようにする。

A204 介護予防サービス計画は、利用者の心身機能と生活機能に着目し、将来の改善見込みや今後の状態を予測したうえで明確な目標を設定する。 ○

A205 アセスメント領域には①運動・移動、②日常生活（家庭生活を含む）、③社会参加・対人関係・コミュニケーション、④健康管理の4つがある。 ×

A206 「介護予防サービス・支援計画書」には、目標についての支援のポイントのほか、本人が自ら取り組むセルフケアや家族の支援などを盛り込む。 ○

A207 介護予防福祉用具貸与については、必要に応じて随時サービス担当者会議を開催して、その継続の必要性を検討する。 ○

A208 特定介護予防福祉用具販売についても、介護予防サービス計画に位置づける場合は、それが必要な理由を記載する必要がある。 ×

A209 医療サービスを介護予防サービス計画に位置づける場合は、主治の医師等（主治の医師・歯科医師）の指示が必要である。 ×

A210 短期入所サービスを介護予防サービス計画に位置づける場合、利用合計日数が認定の有効期間のおおむね半数を超えないようにする。 ×

Q211 介護予防支援の利用者が要支援更新認定を受けたときは、やむを得ない理由がある場合を除き、サービス担当者会議を必ず開催する。

Q212 介護予防サービス計画の内容については、利用者本人から文書または口頭により、同意を得る必要がある。

Q213 介護予防支援事業者の担当職員または介護支援専門員は、各事業者に対して、個別サービス計画の作成を指導する。

Q214 介護予防支援に関するモニタリングにおいては、担当職員または介護支援専門員は少なくとも1か月に1回は、利用者の居宅を訪問して面接をする必要がある。

改正 **Q215** 介護予防支援事業者の担当職員または介護支援専門員は、利用者宅を訪問しない月でも、利用者自身にサービスの実施状況などについて確認を行う。

Q216 介護予防支援に関するモニタリングの結果については、少なくとも3か月に1回は記録する。

Q217 介護予防サービス計画に位置づけた期間の終了時には、利用者の状態や目標の達成状況について評価を行う。

A211 〇

介護予防支援におけるサービス担当者会議は、介護予防サービス計画の新規作成時や変更時、更新認定時や区分変更認定時には、やむを得ない理由がある場合を除き必ず開催する。

A212 ×

利用者からの同意は、口頭ではなく、必ず文書によって得なくてはならない。

A213 〇

担当職員または介護支援専門員は、各サービス事業者に対して、サービスの提供状況や利用の状態などに関する報告を少なくとも1か月に1回は聴取する。

A214 ×

モニタリングでは、少なくともサービス提供開始月の翌月から3か月に1回およびサービス評価期間終了月、利用者の状況に著しい変化があったときに利用者の居宅を訪問して面接を行う。

A215 〇

担当職員または介護支援専門員は、サービス提供事業所への訪問や電話連絡などの方法により、利用者自身にサービス実施状況の確認を行う。

A216 ×

介護予防支援に関するモニタリングの結果については、少なくとも1か月に1回は記録する。

A217 〇

評価によって、介護予防サービス計画で設定された目標が達成されたかを確認し、必要があれば介護予防サービス計画を修正する。

重要ポイント まとめて CHECK !!

Point15 介護予防ケアマネジメント

要支援者への予防給付と地域支援事業における介護予防事業は、地域包括支援センターの保健師などの担当職員および指定居宅介護支援事業者の介護支援専門員による介護予防ケアマネジメントに基づいて実施されます。

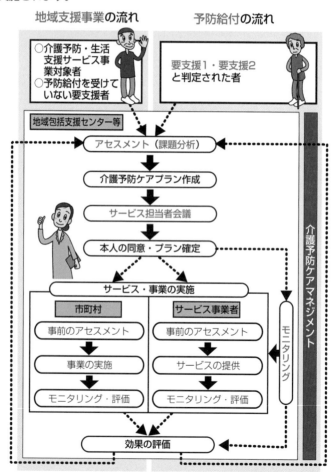

地域支援事業の流れ　　　　予防給付の流れ

○介護予防・生活
　支援サービス事
　業対象者
○予防給付を受けて
　いない要支援者

要支援1・要支援2
と判定された者

地域包括支援センター等

アセスメント（課題分析）

介護予防ケアプラン作成

サービス担当者会議

本人の同意・プラン確定

サービス・事業の実施

市町村	サービス事業者
事前のアセスメント	事前のアセスメント
事業の実施	サービスの提供
モニタリング・評価	モニタリング・評価

モニタリング

介護予防ケアマネジメント

効果の評価

Point16 介護予防ケアマネジメントの3つの類型

総合事業の介護予防ケアマネジメントでは、利用者の状態や**基本チェックリスト**の結果、本人の希望するサービスなどを踏まえて、下記の介護予防ケアマネジメントが可能となっています。

● 介護予防ケアマネジメントの3つの類型

類型	実施内容	想定例
原則的な介護予防ケアマネジメント	アセスメントから評価まで一連の介護予防ケアマネジメントのプロセスを実施。	予防給付、総合事業の**指定事業者**のサービス、短期集中予防サービスを利用する場合など
簡略化した介護予防ケアマネジメント	サービス担当者会議は開催しなくてもよい、モニタリングは適宜行う。	**指定事業者以外**の多様なサービスを利用する場合など
初回のみの介護予防ケアマネジメント	**アセスメント**を行い、その結果を利用者と共有。モニタリングは必要に応じ行う。	**住民主体**のサービスを利用する場合など

得点UP の カギ 【介護予防ケアマネジメントの視点】

・目標志向型のケアプランの作成と定期的な評価。
・自己実現への取り組み支援。
・意欲を高め、自立の可能性を最大限引き出す。
・目標の共有と利用者の主体的なサービス利用。
・将来の改善の見込みや起こりうる状態の予測に基づいたアセスメントを行う。

Q218 入所前の居宅介護支援事業者から情報を引き継いだ入所者については、施設でのアセスメントは省略できる。

Q219 施設サービス計画は、個別に作成される個別援助計画の基本計画となるものである。

注目

Q220 アセスメントにあたっては、施設独自の課題分析項目を基準とした、課題分析票を用いることができる。

Q221 施設サービス計画には施設の職員が行うサービス以外は盛り込まない。

Q222 施設サービス計画の原案を作成した際には、サービス担当者会議の開催または担当者に対する照会などにより、専門的な意見を聴取する。

Q223 施設サービス計画は、入所者本人に交付しなければならない。

注目

Q224 モニタリングにおいては、月に1回は入所者への面接を行い、月に1回はモニタリング結果の記録を行わなければならない。

A218 ☐☐☐ 施設の計画担当介護支援専門員は、施設において必ず入所者のアセスメントを行わなければならない。 ✕

A219 ☐☐☐ 施設では、栄養ケア計画などの個別援助計画がそれぞれ作成されるが、施設サービス計画と整合性をもって作成されなければならない。 ○

A220 ☐☐☐ アセスメントで用いる課題分析票の様式は自由だが、国の課題分析標準項目を含むものである必要がある。 ✕

A221 ☐☐☐ 施設サービス計画には、介護給付等対象サービス以外の地域のボランティアによるサービスなども含め、総合的な計画となるよう努める。 ✕

A222 ☐☐☐ 施設では、サービス担当者会議を開催せずに、担当者に対する照会などにより、専門的な意見を聴取することもできる。 ○

A223 ☐☐☐ 入所者に認知症がある場合などでも、家族ではなく、入所者に施設サービス計画を交付する。 ○

A224 ☐☐☐ モニタリングにおいては、定期的に入所者と面接し、定期的にモニタリング結果を記録する。頻度などの定めはない。 ✕

Aさん（72歳、要介護1）は、脳血管障害の後遺症で右片麻痺がある。移動の際は、妻が介助し、日中はテレビの前の掘りごたつからほとんど動かない。妻は、麻痺の改善のため、夫に通所リハビリテーションに行ってほしいと思っているが、Aさんは「集団は苦手」と断固拒否している。介護支援専門員の対応として、より適切なものはどれか。2つ選べ。

1　医師と相談して、通所リハビリテーションの利用手続きを進める。
2　今後どのように暮らしたいのか、夫婦の意見をじっくりと聴く。
3　Aさんの気持ちが変わるまで、何もしないで待つことにする。
4　訪問リハビリテーションや訪問看護によるリハビリテーションについても情報を提供する。
5　Aさんが通所リハビリテーションに行くように説得する。

ここに注意！
◎本人の意向を無視する選択肢は×
◎自立支援の理念に反した選択肢は×
◎「説教」「説得」などのキーワードが出てきたら×

解説

1 医師への相談は、Aさんの了解が得られていることが
前提である。Aさんの意思を無視して、利用手続きを
進めることは適切ではない。

2 Aさんや妻が今後どのように暮らしたいのか、また麻
痺が改善することで、どのような生活が望めるかな
どを話し合うことで、目標をもち、自らの意思で、
主体的に動くことのきっかけになる。まず、Aさんや
妻の話をじっくり聴くことは適切である。

3 何もしないで待つのではなく、Aさんが自立できる意
思や力をもてるような働きかけや支援が求められる。

4 集団での訓練にどうしても拒否反応がある場合は、
訪問によるリハビリテーションを提案するなど、さ
まざまな代替案を提示することも必要である。

5 説得するのではなく、Aさんが主体的に自己決定でき
るよう働きかけることが必要である。

事例問題 重要ポイント！

　事例問題は、介護支援専門員の業務と役割を理解し、自立支援を実現するための支援、ケアプラン作成の視点などのポイントをおさえておくことで、正答できるものが多くなっています。まとめてチェックしておきましょう。

●介護支援専門員の役割・もつべき視点

専門職の合議と協働の調整をする役割	ケアマネジメントは、保健・医療・福祉の各専門職が合議し、協力することによって実施される。利用者のニーズに沿った適切な援助を提供できるよう専門職と連携し、調整をして、利用者へのケア体制を整えていくのが介護支援専門員の役割である。
在宅における自立支援	利用者が自らの意思に基づき、自分らしく、自立した質の高い生活を送ることを目的に、疾病予防や疾病の悪化予防をし、生活機能を高めるよう支援する。
自己決定の支援	利用者の価値観を尊重し、利用者が誤りのない自己決定ができるよう、側面的に支援する。 →介護支援専門員が独断で決めるような選択肢は×
家族介護者への支援	家族の健康面にも配慮し、介護負担を軽減し、家族一人ひとりの自己実現が図られるよう支援する。
社会資源の調整・開発	介護支援専門員は、社会資源の情報を得る一方、社会資源を増やすよう働きかける。
ケアプランを作成する際の視点	利用者の生活ニーズを基礎として、利用者の自立や価値観、生活の質の向上を考慮したケアプランを作成する。目標は、利用者と介護支援専門員が十分に話し合って、協力して設定し、利用者自身が適切なサービスを選択できるよう援助する。

保健医療サービス分野

範囲は広いけど、ケアマネジャーが知っておかないといけないことだね！

高齢者のかかりやすい疾患や症状、介護や医療に関すること、医療系のサービスについて学習します。

1 老年症候群

Q225 せん妄は、補聴器が使用できないなどの感覚遮断で引き起こされることがある。

Q226 高齢者の低栄養は、ナトリウムとエネルギーの不足によるものが多い。

注目

Q227 亜鉛欠乏症は、メニエール病の原因となる。

Q228 皮膚の緊張の低下は脱水の特徴的な所見である。

Q229 高齢者に多い良性発作性頭位めまい症は、眼前暗黒感が起こりやすい。

注目

Q230 フレイルは、筋力や活動が低下している状態である。

注目

Q231 サルコペニア（筋肉減弱症）は、加齢に伴う骨格筋（筋肉）の減少に加え、身体能力の低下を伴う場合に、サルコペニアと診断される。

A225 せん妄は脳の器質的疾患、薬の副作用、重篤な全身疾患のほか、睡眠や覚醒リズムの障害、環境変化、感覚遮断などでも引き起こされる。

A226 高齢者の低栄養では、たんぱく質とエネルギーが不足している状態が多くみられる。

A227 亜鉛欠乏症は、味覚障害の原因になる。メニエール病は回転感のめまいで、多くは内耳の障害により起こる。

A228 手の甲の皮膚をつまみあげても、皮膚がすぐに戻らないという皮膚の緊張の低下は、脱水の特徴的な所見である。

A229 良性発作性頭位めまい症は目の前がぐるぐるする回転感が特徴である。眼前暗黒感は、起立性低血圧、徐脈性不整脈などでみられる。

A230 健康と要介護状態の中間的な段階で、①体重減少、②歩行速度の低下、③筋力低下、④疲労感、⑤身体活動の減少のうち3項目以上あてはまればフレイル（虚弱）とみなされる。

A231 サルコペニア（筋肉減弱症）は、①加齢に伴う骨格筋（筋肉）の減少に加え、②筋力の低下、③身体能力の低下のいずれかを伴う場合に、サルコペニアと診断される。

99

重要ポイント まとめて CHECK‼

Point 17 廃用症候群（生活不活発病）

● 廃用症候群の原因

廃用症候群とは、心身の機能を十分に使わずにいるために、筋骨格系、循環器系などの身体的機能や精神的機能が**全般的**に**低下**する状態で、これにはさまざまな原因が考えられます。

◆ 身体**機能の低下** ◆
・慢性閉塞性肺疾患
・腰痛症
・麻痺　　　　など

◆ 精神**機能の低下** ◆
・認知症
・うつ
・ストレス　など

◆ 環境 ◆
・閉じこもり
・独居

転倒および転倒恐怖

廃用症候群

寝たきり

● 廃用症候群の主な症状と予防法

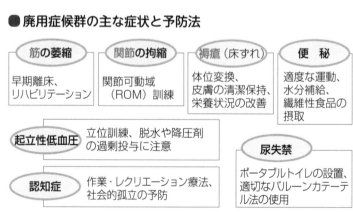

筋の萎縮	関節の拘縮	褥瘡（床ずれ）	便秘
早期離床、リハビリテーション	関節可動域（ROM）訓練	体位変換、皮膚の清潔保持、栄養状況の改善	適度な運動、水分補給、繊維性食品の摂取

起立性低血圧 立位訓練、脱水や降圧剤の過剰投与に注意

認知症 作業・レクリエーション療法、社会的孤立の予防

尿失禁 ポータブルトイレの設置、適切なバルーンカテーテル法の使用

Point18 主な老年症候群

● 老年症候群として扱われる病態

高齢者で頻度が高い病態	●意識障害　●抑うつ　●食欲不振 ●低栄養　●脱水　●めまい　●ふらつき ●骨折　●転倒　●浮腫 ●頻尿　●夜間頻尿　など
高齢者に特有の病態	●認知機能障害　●せん妄 ●嚥下障害、誤嚥 ●歩行障害　●耳鳴り ●フレイル、サルコペニア ●廃用症候群　●骨粗鬆症 ●尿失禁、排尿障害 ●褥瘡　など

● 転倒の原因

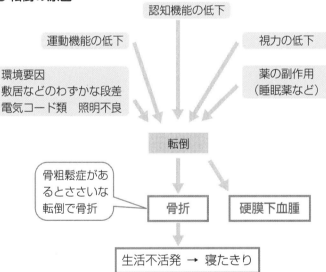

認知機能の低下

運動機能の低下

視力の低下

環境要因
敷居などのわずかな段差
電気コード類　照明不良

薬の副作用
（睡眠薬など）

転倒

骨粗鬆症があるとささいな転倒で骨折

骨折

硬膜下血腫

生活不活発　→　寝たきり

● 転倒予防策

ヒップ・プロテクターで骨折のリスク軽減
段差の解消、部屋の障害物除去、手すりや照明の設置

Q232 高齢者の疾患の特徴として、症状が定型的である。

Q233 高齢者の疾患では、予後やQOLは、医療だけでなく、療養環境、家庭や地域社会の対応などの社会的要因にも大きく影響される。

Q234 低血糖を起こすと、無症状のまま意識障害を起こすことがある。

Q235 糖尿病の薬物治療中に、感染症にかかった場合は、自己判断で治療薬の服用を中止してもよい。

注目

Q236 脂質異常症とは、血液中のコレステロールが基準値以上に増加した状態をいう。

Q237 臓器別にがんをみると、肝臓がん、肺がん、大腸がんの発症割合が高くなっている。

Q238 高齢者のがんの治療では、緩和医療が優先的に選択される。

A232 高齢者の疾患は、症状が<u>非定型的</u>で、症状や徴候がはっきりしないという特徴がある。 ✕

A233 また、症状の現れ方には<u>個人差</u>が大きい、薬の<u>副作用</u>が出やすい、<u>合併症</u>を起こしやすい、などの特徴がある。 ○

A234 典型的な症状は、動悸、発汗などだが、高齢者では無症状のまま<u>意識障害</u>を起こすこともあり、すみやかにブドウ糖などの糖質の補給が必要である。 ○

A235 感染症などの病気にかかったとき（<u>シックデイ</u>）には、糖尿病の治療薬を自己判断で中止をせず、主治医の指示を受ける必要がある。 ✕

A236 脂質異常症とは、血液中の<u>LDL</u>コレステロールの過剰、中性脂肪の過剰、<u>HDL</u>コレステロールの減少、のいずれかの状態である。 ✕

A237 発症割合が高いのは、<u>胃</u>がん、<u>肺</u>がん、<u>大腸</u>がんである。 ✕

A238 がんの治療には、<u>手術</u>療法、<u>化学</u>療法、<u>放射線</u>療法などがあり、本人の希望やがんの進行度などを勘案して治療方法が選択される。 ✕

3 脳・神経の疾患

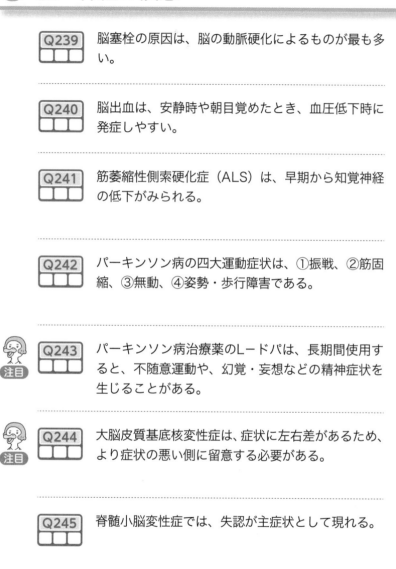

Q239 脳塞栓の原因は、脳の動脈硬化によるものが最も多い。

Q240 脳出血は、安静時や朝目覚めたとき、血圧低下時に発症しやすい。

Q241 筋萎縮性側索硬化症（ALS）は、早期から知覚神経の低下がみられる。

Q242 パーキンソン病の四大運動症状は、①振戦、②筋固縮、③無動、④姿勢・歩行障害である。

注目 **Q243** パーキンソン病治療薬のL－ドパは、長期間使用すると、不随意運動や、幻覚・妄想などの精神症状を生じることがある。

注目 **Q244** 大脳皮質基底核変性症は、症状に左右差があるため、より症状の悪い側に留意する必要がある。

Q245 脊髄小脳変性症では、失認が主症状として現れる。

郵 便 は が き

1 6 9 - 8 7 3 4

（受取人）
東京都新宿北郵便局
郵便私書箱第2007号
（東京都渋谷区代々木1－11－1）

U-CAN 学び出版部

愛読者係　行

|||‖·|·||‖||‖‖|·|‖·|·|·|·|·|·|·|·|·|·|·|·|·|·‖|‖||

愛読者カード

2024年版 ユーキャンのケアマネジャーこれだけ！一問一答

　ご購読ありがとうございます。読者の皆さまのご意見、ご要望等
を今後の企画・編集の参考にしたいと考えております。お手数です
が、下記の質問にお答えいただきますようお願いいたします。

1．受験経験と学習期間を教えてください
　　受験は何回目ですか　　　はじめて　／　2回目　／　3回目以上
　　学習期間・時間　（　　　　　年　　　　月より。1日　　　時間程度）

2．本書を何でお知りになりましたか？
　　a.書店で　　　b.インターネット書店で　　　c.知人・友人から
　　d.その他（　　　　　　　　　　　　　　　　　　　　　　　　）

うら面へ続きます

3. 本書の良かった点、悪かった点、改善すべき点などご自由にお書きください

4. 併用しているテキストや問題集があればタイトルをお書きください

5. 通信講座の案内資料を無料でお送りします。ご希望の講座に○印をおつけください（お好きな講座［2つまで］をお選びください）

ケアマネジャー講座	O7	医療事務講座	6C
実用ボールペン字講座	W4	食生活アドバイザー講座	6Z

住所	〒□□□-□□□□		都道府県		市郡（区）
	アパート、マンション等、名称、部屋番号もお書きください			（	様方
氏名	フリガナ	電話	市外局番（	市内局番 ）	番号
		年齢		歳	（男）・（女）

Q9QQRO**Q1

A239 脳塞栓では、心臓で生じた血栓が心房細動ではがれ、脳の血管に至って起こることが最も多い。

A240 安静時や朝目覚めたとき、血圧低下時に発症しやすいのは、脳血栓である。

A241 ALSは数年で四肢麻痺、摂食障害、呼吸麻痺となるが、眼球運動や膀胱直腸機能、知覚神経、記憶力、知能や意識は末期までよく保たれる。

A242 パーキンソン病が進行すると、起立性低血圧や排尿障害などの自律神経症状、うつ状態や認知症などの精神症状も加わる。

A243 また、長期服用中のL－ドパを突然中止すると、高熱、意識障害、ふるえ、筋硬直などの悪性症候群を生じることがある。

A244 大脳皮質基底核変性症は、症状に左右差があり、パーキンソン病に似た症状とともに進行性の非対称性失行がみられる。

A245 脊髄小脳変性症では、小脳性の運動失調が主症状で、自律神経症状やパーキンソン症状がみられることもある。

4 循環器の疾患

Q246 心筋梗塞での痛みが、左肩や背中に生じることもある。

Q247 労作性狭心症は、冠動脈のれん縮により、夜間、未明、睡眠中の前胸部の圧迫感が特徴的である。

Q248 本態性高血圧症とは、内分泌異常などの疾患から生じるものをいう。

Q249 血圧には、日内変動がみられ、一度の測定で高血圧症の診断はできない。

Q250 心不全による呼吸困難時には、仰臥位にすると呼吸状態が改善される。

Q251 すべての不整脈が治療の対象となるわけではない。

Q252 閉塞性動脈硬化症では下肢の虚血が現れやすく、間欠性跛行がみられる。

A246 ⬜⬜⬜　心筋梗塞では、前胸部の痛みとしめつけ感が典型的だが、左肩や背中への放散痛、頸部の鈍痛、意識障害、感冒様症状や食欲不振などが生じることもある。　⬤

A247 ⬜⬜⬜　冠動脈のれん縮により、夜間、未明、睡眠中に起こるのは異型狭心症である。労作性狭心症は、労作時に、前胸部の圧迫感が起こる。　❌

A248 ⬜⬜⬜　内分泌異常などの疾患から生じるのは二次性高血圧症である。本態性高血圧症は高血圧症の大半を占め、直接の原因ははっきりしない。　❌

A249 ⬜⬜⬜　血圧は日内変動のほか、食事や運動、気温、ストレスなどで変動し、受診時の緊張で一時的に血圧が上昇する白衣高血圧もよくみられる。　⬤

A250 ⬜⬜⬜　心不全は夜間に急に増悪することがあり、呼吸困難時には、起座位または半座位にすることで呼吸状態や血行動態の改善が得られる。　❌

A251 ⬜⬜⬜　不整脈のうち、血圧低下、意識障害、心不全を伴う場合は、すみやかな治療が必要となる。　⬤

A252 ⬜⬜⬜　間欠性跛行とは、一定の距離を歩くと下肢に痛みを感じて足を引きずるようになるが、立ち止まり休憩すると痛みが軽減するものである。　⬤

Q253 □□□ 慢性閉塞性肺疾患（COPD）の最大の原因は、喫煙である。

注目

Q254 □□□ 慢性閉塞性肺疾患の症状は、呼吸器に限定的に現れる症状が特徴で、全身の炎症を伴うことはない。

Q255 □□□ 高齢者の慢性閉塞性肺疾患では、気道感染、肺炎、右心不全を契機に急激に呼吸不全を起こすことがある。

Q256 □□□ 高齢者の場合、肺炎の典型的症状を欠くことが多い。

Q257 □□□ 誤嚥性肺炎は、感染により起こるものではない。

Q258 □□□ 高齢者の場合、以前に感染した結核菌が体内に残っていて、肺結核を発症することがある。

注目

Q259 □□□ 高齢者の肺結核では、咳、痰、血痰、喀血、胸痛などの典型的症状に乏しいのが特徴である。

A253 ☐☐☐ 慢性閉塞性肺疾患の最大の原因は、<u>喫煙</u>であり、治療の基本は<u>禁煙</u>である。あわせて薬物療法、呼吸リハビリテーションが行われる。 〇

A254 ☐☐☐ 慢性閉塞性肺疾患では、咳や痰などの呼吸器症状だけではなく、全身の<u>炎症</u>、骨格筋の機能障害、<u>栄養障害</u>、骨粗鬆症などの併存症を伴う。 ✕

A255 ☐☐☐ 慢性閉塞性肺疾患では、治療中の感染予防が重要で、口腔ケアのほか、<u>肺炎球菌</u>ワクチンや<u>インフルエンザワクチン</u>の接種も推奨される。 〇

A256 ☐☐☐ 高齢者の肺炎では、典型的な症状を欠き、<u>食欲不振</u>、<u>倦怠感</u>など非特異的な初発症状が多い。 〇

A257 ☐☐☐ <u>誤嚥性肺炎</u>は、飲食物の一部が誤嚥により<u>肺</u>に入り<u>感染</u>を起こすことなどで生じる。 ✕

A258 ☐☐☐ 肺結核は、加齢や薬の使用による<u>免疫力</u>の低下をきっかけとして、以前に感染した結核菌により、発症することがある。 〇

A259 ☐☐☐ 2週間以上続く咳や微熱があれば、肺結核を疑う。排菌が認められる場合は、結核専門施設での入院が必要である。 〇

6 消化器・腎臓・尿路の疾患

Q260 胃潰瘍の一般的な症状は空腹時の痛み、十二指腸潰瘍の一般的な症状は食後の痛みである。

Q261 (注目) 胆石症では、脂肪やコレステロール、たんぱく質の多い食べものは控える。

Q262 慢性肝炎の原因には、アルコール性肝炎によるものもある。

Q263 (注目) 肝不全では、肝性脳症となり、意識障害をきたすことがある。

Q264 潰瘍性大腸炎が悪化しているときには、繊維質が多いものを多めにとるようにする。

Q265 慢性腎不全の場合、低カロリー食とし、たんぱく質や水分、食塩、カリウムを制限する。

Q266 前立腺肥大がある場合、排尿回数が減少する。

A260
胃潰瘍の一般的な症状は<u>食後</u>の痛みで、十二指腸潰瘍の一般的な症状は<u>空腹時</u>の痛みである。

 A261
胆石症では、脂肪やコレステロールの多い食べものは控えるが、<u>たんぱく質</u>はある程度とって不足しないようにし、<u>食物繊維</u>は多くとる。

A262
慢性肝炎は、<u>B</u>型肝炎ウイルス、<u>C</u>型肝炎ウイルスのほか、アルコール性肝炎や自己免疫疾患を原因とするものもある。

A263
肝不全では、血液中の<u>アルブミン</u>低下による浮腫、腹水などが出現するほか、<u>出血</u>が止まりにくくなったりもする。

A264
潰瘍性大腸炎が悪化しているときには、<u>繊維質</u>が多いもの、脂っこいもの、乳製品、アルコールは<u>控える</u>。

A265
慢性腎不全の場合、摂取カロリーは<u>維持</u>しつつ、<u>たんぱく質</u>や水分、食塩、カリウムを制限する。

A266
前立腺肥大症では、夜間の<u>頻尿</u>、尿意の切迫感、尿の勢いの低下などが現れる。排尿を我慢せず、適度な運動や適度な<u>水分</u>摂取が大切である。

Q267 変形性膝関節症の予防では、大腿四頭筋（だいたいしとうきん）を鍛えることが有効である。

Q268 関節リウマチの初期にみられる起床時の関節のこわばりは、特に手指に多くみられる。

Q269 関節リウマチの痛みは天候に左右されることはあるが、症状が1日のなかで変化するということはない。

Q270 脊柱管狭窄症では、間欠性跛行（かんけつせいはこう）がみられ、狭窄が進むと、会陰部の異常感覚、膀胱直腸障害などを生じる。

注目

Q271 後縦靱帯骨化症（こうじゅうじんたいこっかしょう）は、必ずしも進行性ではないが、外傷を契機に急激に症状が悪化することがある。

Q272 骨粗鬆症（こつそしょうしょう）予防には、カルシウムやビタミンA、ビタミンKなどをバランスよく摂取することが大切である。

Q273 高齢者に多い骨折は、大腿骨頸部骨折（だいたいこつけいぶ）のほか、胸腰椎圧迫骨折、橈骨遠位端骨折（とうこつえんいたん）、肋骨骨折である。

A267 また、変形性膝関節症の発症リスクである<u>肥満</u>の解消も大切になる。その他、膝の外傷、手術歴なども発症リスクをあげる。

A268 関節リウマチの症状は、進行すると特有の関節変形が起こり、<u>発熱</u>、体重減少、<u>貧血</u>などの<u>全身症状</u>が現れることにも特徴がある。

A269 関節リウマチの痛みは天候に左右されやすく、雨の日や寒い日には痛みが強くなる。症状には<u>日内変動</u>があり、特に朝は動きにくくなる。

A270 脊柱管狭窄症の<u>間欠性跛行</u>では、座位や前屈位で症状が軽くなる。

A271 後縦靭帯骨化症は、必ずしも進行性ではないが、外傷を契機に急激に症状が悪化することがあるため、<u>転倒</u>などには注意が必要である。

A272 骨粗鬆症予防に役立つのは、カルシウムやビタミンD、ビタミンKなどの栄養素である。また、適度な運動や<u>日光浴</u>も重要となる。

A273 高齢者に多い骨折のうち、特に<u>大腿骨頸部</u>骨折は<u>ADL</u>の大きな低下につながりやすい。

Q274 ☐☐☐ 白内障は、加齢のほか紫外線や喫煙、ステロイド薬の長期内服が発症の危険因子となる。

注目 Q275 ☐☐☐ 眼圧が正常であっても、視神経の障害が生じる正常眼圧緑内障は、日本人に多い。

Q276 ☐☐☐ 加齢黄斑変性症では、視神経と視野が障害され、進行すると視野狭窄が生じる。

Q277 ☐☐☐ ノルウェー疥癬では、一定期間の個室管理が必要である。

Q278 ☐☐☐ 薬疹では、薬の使用後1〜2週間で皮膚に発疹が現れることが多い。

注目 Q279 ☐☐☐ 帯状疱疹は痛みを伴う水疱ができるが、症状が回復すれば、痛みが残ることはない。

Q280 ☐☐☐ 帯状疱疹の治療では、早期からの抗菌薬の投与が有効である。

| A274 | 白内障は水晶体が白く濁って視力が低下する疾患だが、手術により視力の回復が望める。 | ○ |

| A275 | 緑内障は、片側の目に生じた場合などには、自覚しないまま進行し、失明に至ることもある。 | ○ |

| A276 | 視神経と視野の障害（視野欠損や視野狭窄など）は緑内障に現れる。加齢黄斑変性症は視野中心部がゆがみ（変視症）、進行すると中心暗点が生じ、失明の原因ともなっている。 | × |

| A277 | ヒゼンダニの数がきわめて多く、感染力の強いノルウェー疥癬は、一定期間の個室管理が必要だが、一般の疥癬ではその必要はない。 | ○ |

| A278 | 薬剤へのアレルギーによる発疹を薬疹という。原因と思われる薬剤を特定し、すみやかに使用を中止する。 | ○ |

| A279 | 帯状疱疹は、身体の右または左半身に、痛みを伴う水疱ができる。症状が消失しても、後遺症として帯状疱疹後神経痛が残ることがある。 | × |

| A280 | 帯状疱疹は、水痘・帯状疱疹ウイルスによって引き起こされ、抗ウイルス薬治療が行われる。早期治療により後遺症が軽減される。 | × |

重要ポイント まとめて CHECK!!

Point 19 高齢者に多い疾患①

脳・神経疾患	脳血管障害	脳梗塞（虚血性）	脳血栓	脳の局所症状 （運動麻痺、感覚障害、運動障害、呼吸中枢障害、高次脳機能障害など）
			脳塞栓	
		脳出血（出血性）	脳出血	頭蓋内圧亢進症状 （頭痛、嘔吐、意識障害など）
			くも膜下出血	急な激しい頭痛、嘔気、嘔吐、神経症状など
	筋萎縮性側索硬化症（ALS）			数年で四肢麻痺、呼吸麻痺となり自立困難。眼球運動、膀胱直腸機能、知覚神経、知能、記憶力、意識は末期までよく保たれる。
	パーキンソン病			**四大運動症状**（振戦、筋固縮、無動、姿勢・歩行障害）が特徴。進行すると認知症やうつ状態などの精神症状、起立性低血圧や排尿障害などの自律神経症状も現れる。
循環器疾患	心筋梗塞			激しい前胸部の痛みとしめつけ感があるが、高齢者では自覚症状がない場合もある。
	狭心症			運動時に起こる労作性狭心症と、夜間・未明・睡眠時に起こる異型狭心症がある。
	心不全			主な症状は呼吸困難、浮腫、尿量低下など。
	高血圧症			自覚症状のないことが多く、長期間放置すると腎硬化症などを引き起こしやすくなる。
	不整脈			血圧低下、意識障害、心不全を伴う場合は、すみやかな治療が必要。
	閉塞性動脈硬化症			下肢への血流悪化が多くみられ、歩いているときに下肢痛を感じ、立ち止まって休むと軽減する間欠性跛行がみられる。

Point20 高齢者に多い疾患②

呼吸器疾患	慢性閉塞性肺疾患（COPD）	慢性気管支炎、肺気腫の総称。いずれも大量の痰、呼吸困難がある。**呼吸器症状以外が初発症状として現れる**こともある。
	肺炎	高齢者に多いのは誤嚥性肺炎。また、高齢者は高熱が出ないことも多く、気づかないうちに重症になりやすい。
	肺結核	高齢者では咳、痰、血痰、喀血、胸痛といった症状に乏しいのが特徴。
	喘息（気管支喘息）	喘鳴を伴う発作性の呼吸困難。高齢者では感染によって起こる場合が多い。
糖尿病・消化器・腎臓疾患	糖尿病	高齢者では2型が多い。典型的な症状がはっきりと出ないことが特徴。**合併症**（神経障害、網膜症、腎症）に注意。
	胃潰瘍	高齢者では症状に乏しいことが多いため、食欲不振などにも注意を払う。
	肝疾患	高齢者では慢性肝炎や肝硬変が多い。
	腎不全	急性の主な原因は脱水、心不全、薬の副作用、骨盤部腫瘍による両側尿管閉塞など。慢性の主な原因は糖尿病性腎症、慢性糸球体腎炎など。
骨・関節疾患	変形性関節症	高齢者には変形性膝関節症が多い。
	関節リウマチ	中高年の女性に多い。主な症状は、朝の手指の関節のこわばり、**全身倦怠感**、関節の痛み、**腫れ**、**熱感**など。進行すると全身症状が現れる。
	大腿骨頸部**骨折**	早期離床し、ADLを大きく低下させない。
	骨粗鬆症	性ホルモンの分泌低下などが原因となり、高齢の女性に多い。
	後縦靱帯骨化症	40歳以上の男性に多く発症
皮膚などの疾患	皮膚疾患	**疥癬**、**白癬・カンジダ症**、**皮脂欠乏症・湿疹・皮膚掻痒症**、**薬疹**、**帯状疱疹**など。
	泌尿器系疾患	**尿失禁、尿路結石、前立腺肥大症、前立腺がん、尿閉**など。

保健医療サービス分野

Q281 低体温では、一般に、感染症、がん、膠原病、甲状腺機能亢進症が疑われる。

Q282 房室ブロックなど心臓の刺激伝達系の異常で、徐脈が起こることがある。

Q283 高齢者の場合、加齢に伴って動脈の血管が硬くなるため、血圧が高くなる傾向がある。

Q284 意識レベルにおける昏迷とは、刺激がないと眠ってしまう状態である。

Q285 ジャパン・コーマ・スケール（JCS）では、数値が小さいほど意識レベルが低い。

Q286 徐呼吸は、糖尿病性ケトアシドーシスや脳卒中による昏睡でみられる。

Q287 COPD患者には、口すぼめ呼吸がよくみられる。

| A281 | 感染症、がん、膠原病、甲状腺機能亢進症が疑われるのは、高体温である。低体温では、低栄養や甲状腺機能低下症が疑われる。 | × |

| A282 | 徐脈は、ジギタリス製剤などの薬の副作用、脳出血による頭蓋内圧亢進に伴う迷走神経刺激、甲状腺機能低下症などでもみられる。 | ○ |

| A283 | 高齢者は動脈硬化性の高血圧症にかかりやすく、収縮期血圧が高くなる傾向がある。 | ○ |

| A284 | 意識レベルにおける昏迷とは、強い刺激でかろうじて開眼する状態である。刺激がないと眠ってしまう状態は、傾眠である。 | × |

| A285 | ジャパン・コーマ・スケール（JCS）は3－3－9度方式とも呼ばれ、数値が大きいほど意識レベルが低い。 | × |

| A286 | 一方、頻呼吸は、発熱、心不全、呼吸器疾患でみられる。 | ○ |

| A287 | 口をすぼめて息を吐くことにより、気管支の閉塞を防ぎ、呼吸が楽になるため、呼吸のときに気管支が狭くなるCOPD患者によくみられる。 | ○ |

Q288 血清アルブミン値が低下している場合は、低栄養が疑われる。

Q289 γ-GTP値は、溶血性疾患で上昇する。

Q290 血清クレアチニン（Cr）と尿素窒素（BUN）の比率は、脱水の診断として重要な指標となる。

Q291 血小板数の上昇は、肝硬変や薬の副作用でもみられる。

Q292 糖尿病の診断には、ヘモグロビンA1c（HbA1c）は用いられない。

Q293 CRP（C反応性たんぱく質）は、体内に炎症や組織崩壊がある場合に血液中に増加し、感染症などの指標となる。

Q294 心電図を24時間測定するホルター心電図は、安静にして測定することが原則である。

A288 血清アルブミン値は高齢者の長期にわたる<u>栄養</u>状態を調べる最も有効な指標である。 ○

A289 γ-GTP値の上昇時は、脂肪肝や<u>アルコール性肝炎</u>が疑われる。肝・胆道疾患、心臓疾患や筋疾患、溶血性疾患で上昇するのは<u>AST</u>値である。 ✕

A290 血清クレアチニンと尿素窒素は<u>腎機能</u>低下で高値になり、尿素窒素と血清クレアチニンの比率が10以上の場合は<u>脱水</u>の可能性がある。 ○

A291 肝硬変や薬の副作用では、血小板数は<u>減少</u>する。一方、体内に<u>炎症</u>があると、血小板数が上昇する。 ✕

A292 HbA1cは糖化ヘモグロビンともいい、検査日から過去<u>1</u>～<u>2</u>か月の平均的な血糖状態を反映し、血糖値とあわせて糖尿病の診断に<u>用いられる</u>。 ✕

A293 CRPは、<u>感染症</u>のほか、がん、膠原病、心筋梗塞などにおける指標となる。発症12時間以降に数値が上昇する傾向がある。 ○

A294 <u>ホルター心電図</u>では、小型軽量の装置を身につけ、日常生活中の24時間の心電図を測定する。入院したり、安静にしたりしている必要はない。 ✕

重要ポイント まとめて CHECK!!

Point 21 検査値と疾患などの関係

高齢者の健康状態や疾患を客観的に評価するために必要なのが検査値です。加齢変化の有無、また主な疾患との関連をチェックしておきましょう。

<table>
<tr><th colspan="2">検査値</th><th>異常時の変動</th><th>検査値の変動でわかる症状・疾患</th></tr>
<tr><td rowspan="8">臨床生化学検査</td><td>総たんぱく</td><td>減少</td><td>低栄養、吸収障害、蛋白漏出性胃腸症など</td></tr>
<tr><td>血清アルブミン</td><td>減少</td><td>低栄養、浮腫</td></tr>
<tr><td>血糖（75g経口糖負荷試験）</td><td>上昇</td><td>糖尿病</td></tr>
<tr><td>AST(GOT)
ALT(GPT)</td><td>上昇</td><td>慢性肝炎・肝硬変・肝臓がん（AST、ALT）、心筋梗塞（AST）など</td></tr>
<tr><td>γ−GTP</td><td>上昇</td><td>アルコール性肝炎、脂肪肝</td></tr>
<tr><td>尿素窒素（BUN）</td><td>上昇</td><td>腎機能低下、消化管出血、脱水</td></tr>
<tr><td>血清クレアチニン（Cr）</td><td>上昇</td><td>腎機能低下</td></tr>
<tr><td>C反応性たんぱく（CRP）</td><td>上昇</td><td>急性の炎症、感染症、腸閉塞、膠原病、がんなど</td></tr>
<tr><td rowspan="5">血液一般検査</td><td>赤血球数</td><td>減少</td><td>貧血、がん、慢性感染症、消化管出血など</td></tr>
<tr><td rowspan="2">白血球数</td><td>上昇</td><td>細菌感染、炎症、喫煙、副腎皮質ステロイド投与、がん、白血病</td></tr>
<tr><td>減少</td><td>ウイルス感染、再生不良性貧血（体質にもよる）</td></tr>
<tr><td rowspan="2">血小板数</td><td>上昇</td><td>炎症</td></tr>
<tr><td>減少</td><td>薬の副作用、肝硬変、特発性血小板減少性紫斑病など</td></tr>
</table>

Point 22 バイタルサインの変化と原因

バイタルサインは、生命の維持にかかわる基本的な情報です。主に体温、脈拍、血圧、意識レベル、呼吸を指します。

● バイタルサインの変化と考えられる原因（疾患）

体温	発熱	感染症、がん、膠原病、甲状腺機能亢進症など
	低体温	低栄養、甲状腺機能低下症、腎不全など
脈拍	頻脈	感染症、甲状腺機能亢進症、心疾患、脱水など
	徐脈	薬物作用（ジギタリスなど）、甲状腺機能低下症など
血圧	血圧上昇	怒りやストレス、緊張、入浴時や食事後、気温が低い
	血圧低下	体力低下、心臓機能の低下、気温が高い
呼吸	頻呼吸	発熱、心疾患、呼吸器疾患
	徐呼吸	糖尿病性ケトアシドーシス、脳卒中による昏睡
	チアノーゼ	呼吸状態が悪く血液中の酸素欠乏により、皮膚や粘膜が青紫色になる
	起座呼吸	呼吸困難が臥位で増強、起座位、半座位で軽減する呼吸。左心不全の主要徴候。気管支喘息、肺炎、気管支炎でもみられる
	口すぼめ呼吸	口をすぼめて息を吐くことで気管支の閉塞を防ぎ、呼吸が楽になる。COPD患者にみられる
	クスマウル呼吸	異常に深大な呼吸が規則正しく続く。糖尿病性ケトアシドーシス、尿毒症に特徴的

保健医療サービス分野

得点UPのカギ【ジャパン・コーマ・スケール（JCS＝Japan Come Scale）】
・3桁の点数は刺激を与えても覚醒しない状態
・2桁の点数は刺激すると覚醒する状態
・1桁の点数は刺激しないでも覚醒している状態

11 介護技術

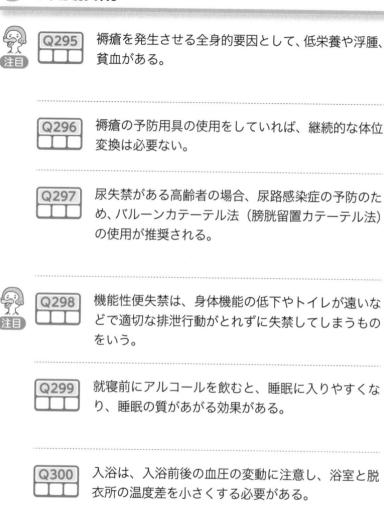

Q295 褥瘡を発生させる全身的要因として、低栄養や浮腫、貧血がある。

Q296 褥瘡の予防用具の使用をしていれば、継続的な体位変換は必要ない。

Q297 尿失禁がある高齢者の場合、尿路感染症の予防のため、バルーンカテーテル法（膀胱留置カテーテル法）の使用が推奨される。

Q298 機能性便失禁は、身体機能の低下やトイレが遠いなどで適切な排泄行動がとれずに失禁してしまうものをいう。

Q299 就寝前にアルコールを飲むと、睡眠に入りやすくなり、睡眠の質があがる効果がある。

Q300 入浴は、入浴前後の血圧の変動に注意し、浴室と脱衣所の温度差を小さくする必要がある。

Q301 清拭をする場合、足浴もあわせて行うと、清潔保持だけでなく、心理的爽快感を与え、安眠に導く効果が望める。

A295 低栄養があると褥瘡ができやすい。褥瘡の発生は、局所的要因・全身的要因・社会的要因（介護力不足など）が複合的にかかわっている。　○

A296 長時間同じ体位をとらないよう体位変換が必要であり、褥瘡予防用具は補助的に使う。　×

A297 バルーンカテーテル法（膀胱留置カテーテル法）は、尿路感染症を起こしやすい。排泄用具は、本人の自立度と排尿行動をアセスメントのうえ選択する。　×

A298 排便障害には、腹圧性便失禁、切迫性便失禁、溢流性便失禁、機能性便失禁のほか、下痢、便秘などに分類される。　○

A299 アルコールは、入眠しやすくなる効果もあるが、早朝覚醒や中途覚醒も多くなるなど、睡眠の質は低下する。　×

A300 入浴は、全身の血液循環の状態（循環動態）への影響が大きいため、入浴前後の身体状況の確認も大切となる。　○

A301 足浴を行う際には、やけど予防や適温調整に留意し、拘縮が強い場合は、良肢位を保ち行う。　○

Q302

気道の感覚が低下していると、誤嚥してもむせが生じない、不顕性誤嚥を生じることがある。

Q303

固形状の食品は、嚥下困難を誘発しやすいため、できるかぎり液体状にしたほうがよい。

Q304

食事の際の姿勢は、できるかぎり座位で頭部と体幹をわずかに後屈させるとよい。

注目

Q305

口腔ケアを行うことにより、誤嚥性肺炎などの全身疾患を予防する効果がある。

Q306

経管栄養を行っている場合、口腔から直接食物を摂取しないため、特に口腔ケアを行う必要はない。

注目

Q307

食事による栄養摂取が行われていれば、消化機能は高齢者でも比較的良好に保たれる。

Q308

BMIが25未満である場合は、低栄養リスクがあるとされている。

A302 ☐☐☐
高齢者では、嚥下反射の低下などで誤嚥が生じやすい。誤嚥は、嚥下前（口腔期）、嚥下中（咽頭期）、嚥下後（食道期）のいずれでも起こることがある。

○

A303 ☐☐☐
液体は、誤嚥しやすい。食品は、口の中でまとまるようにとろみをつけて、飲み込みやすくすることが大切である。

✕

A304 ☐☐☐
食事の際の姿勢は、可能なかぎり座位にして、頭と身体をわずかに前傾させ、自然に食物を飲み込めるようにする。

✕

A305 ☐☐☐
また、オーラルフレイルを予防し、口腔機能を維持・向上させるなどの効果もある。

○

A306 ☐☐☐
食物を口腔から摂取しないと、唾液の分泌が減少し、口腔内の自浄作用が低下する。このため、積極的な口腔ケアが必要である。

✕

A307 ☐☐☐
食事による栄養摂取は、消化管の免疫機能を維持したり、感染症への合併を予防したりする効果がある。

○

A308 ☐☐☐
低栄養の指標とされているのは、BMIが18.5未満の場合である。

✕

重要ポイント まとめて CHECK!!

Point 23 介　護

食事の介護	○可能なかぎり自分で、口から食べられるように援助する。 ○食事摂取量を把握する。 ○嚥下困難の人には飲み込みやすい食品や食形態のものを用意し、食事は可能なかぎり座位で、頭と身体をわずかに前に傾ける。
排泄の介護	○安易なおむつの着用は避ける。 ○尿意のサインを見逃さないようにする。尿意のサインが把握できたら排尿誘導を試みる。 ○排尿環境を整備し、できるかぎりトイレで排泄できるよう援助する。
褥瘡の介護	○寝たきりや皮膚の不潔、湿潤、栄養状態の悪化などが褥瘡の原因となる。 ○2時間ごと※の体位変換や身体・寝具の清潔保持、栄養状態の改善などによって予防することが重要。 ○褥瘡の予防用具を補助的に活用することも検討する。
睡眠の介護	○まずは睡眠状況を正しく把握する。 ○日中活動を多くする。 ○就眠前の安眠対策として、入浴する、夕方以降の水分摂取量を調節する、テレビなどの刺激を避ける、カフェインを含む嗜好飲料を避ける、寝室の環境整備をするなどがある。
清潔の介護	○入浴の前に全身状態やバイタルサインのチェックを行う。 ○入浴後に水分を補給する。 ○安全性の確保、介護負担の軽減のため、環境整備を行う。
転倒の予防	○高齢者は、運動機能の低下、薬の影響、視力の低下などにより転倒しやすく、また骨折しやすい。 ○段差の解消、手すりや照明の設置、すべりにくい床材の使用、移動時の見守りなどで転倒を予防する。

※体圧分散マットレスを使用する場合は4時間ごと

Point 24 口腔ケア・栄養管理

● 口腔ケア

○**口腔の機能**…そしゃく、嚥下、味覚、発音・発声、呼吸など。

○**高齢者の口腔の特徴**

…口腔粘膜の萎縮、唾液貯蔵機能の低下、**歯槽骨の吸収、そしゃく筋の筋力低下**など。う蝕や歯周病の原因となる歯垢もたまりやすくなる。

○**口腔ケアの具体的方法**

…口腔ケアには、機械的清掃法（ブラッシングなど）と化学的清掃法（含嗽剤など）がある。

● 栄養管理

利用者の健康状態、栄養状態に配慮した指導を行う。

○ 低たんぱく血症	：良質なたんぱく質の摂取。エネルギーの摂取。
○ エネルギー欠乏症	：食欲を増進させ、摂取エネルギーを増やす。
○ 肥　　満	：低エネルギー食。食物繊維をとる。
○ 糖　尿　病	：摂取エネルギーの制限。三大栄養素は確保。
○ 高　血　圧	：減塩。摂取エネルギーの制限。たんぱく質、カリウム、マグネシウム、食物繊維をとる。
○ 脂質異常症	：低エネルギー食。症状に応じて管理する。
○ 鉄欠乏性貧血	：鉄の摂取量を増やす。良質なたんぱく質の摂取。
○ 慢性腎臓病(CKD)	：腎機能低下の程度や症状に応じて管理する。

● フレイルティサイクル

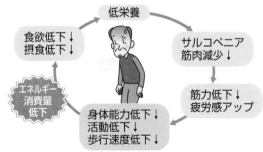

フレイル…虚弱。健康と要介護状態の中間的な段階
サルコペニア…加齢に伴う骨格筋（筋肉）の減少に加え、筋力の低下、身体能力の低下のいずれかを伴う場合

保健医療サービス分野

13 リハビリテーション

Q309 介護保険制度の保険給付では、維持的リハビリテーションが対象となる。

Q310 良肢位を保てば、体位変換をする必要はない。

Q311 感覚障害では、手足の位置を確認せずに動いて手足を傷つけたり、転倒したりする危険がある。

Q312 痛みやしびれがある場合には、リハビリテーションを行うことはできない。

Q313 失語症の原因は、主に構音器官の麻痺や口腔内の筋肉の協調運動障害である。

注目

Q314 左半側空間無視がある場合には、左半分の空間は認識できないため、左側から話しかけないようにする。

Q315 日常生活自立度ランクAは、何らかの障害を有するが、日常生活はほぼ自立しており独力で外出するレベルである。

A309 ⬜⬜⬜　医療保険は治療的リハビリテーションを対象とする。また、予防的リハビリテーションは介護保険制度の地域支援事業などで実施される。　○

A310 ⬜⬜⬜　良肢位であっても、拘縮予防のために最低1日に1回関節を動かしたり、褥瘡予防のために定期的な体位変換をしたりする必要がある。　×

A311 ⬜⬜⬜　感覚障害は、脳血管障害、脊髄損傷、末梢神経障害などで生じる。温度や痛みを感じにくく、低温やけどにも注意が必要である。　○

A312 ⬜⬜⬜　痛みやしびれがある場合には、痛みの性質と原因をよく理解したうえで、運動療法やストレッチなどを行い、廃用症候群を予防する。　×

A313 ⬜⬜⬜　失語症は、大脳の言語中枢の障害により起こる。構音器官の麻痺や口腔内の筋肉の協調運動障害により起こるのは、構音障害である。　×

A314 ⬜⬜⬜　左半側空間無視がある場合は、左側から話しかけるなど、無視している左側を本人が意識できるように働きかける。　×

A315 ⬜⬜⬜　何らかの障害を有するが、日常生活はほぼ自立しており独力で外出するレベルは、日常生活自立度ランクJである。　×

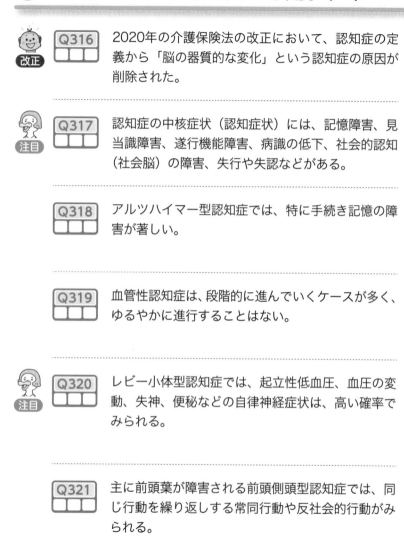

14 認知症と認知症高齢者の介護 （1）

改正

Q316 2020年の介護保険法の改正において、認知症の定義から「脳の器質的な変化」という認知症の原因が削除された。

注目

Q317 認知症の中核症状（認知症状）には、記憶障害、見当識障害、遂行機能障害、病識の低下、社会的認知（社会脳）の障害、失行や失認などがある。

Q318 アルツハイマー型認知症では、特に手続き記憶の障害が著しい。

Q319 血管性認知症は、段階的に進んでいくケースが多く、ゆるやかに進行することはない。

注目

Q320 レビー小体型認知症では、起立性低血圧、血圧の変動、失神、便秘などの自律神経症状は、高い確率でみられる。

Q321 主に前頭葉が障害される前頭側頭型認知症では、同じ行動を繰り返しする常同行動や反社会的行動がみられる。

Q322 若年性認知症の人は、介護保険を利用している場合は、障害年金の受給はできない。

A316 また、最新の医学の診断基準や今後の変化にあわせられるよう、「状態」については政令で定めるとされた。

○

A317 また、BPSD（認知症の行動・心理症状）は、中核症状に伴い、二次的に現れることの多い症状で、徘徊や収集、抑うつ、妄想などがある。

○

A318 アルツハイマー型認知症では特に近時記憶の障害が著しい。手続き記憶（体で覚える記憶）は比較的保たれるといわれる。

×

A319 血管性認知症のうち、近年よくみられる広範囲の大脳白質虚血により起こるビンスワンガー型は、ゆるやかに進行するケースも多い。

×

A320 レビー小体型認知症では、現実的で詳細な内容の幻視、パーキンソン症状、レム睡眠行動障害、症状の変動（覚醒レベルの変動）、うつ、嗅覚低下なども特徴的な症状である。

○

A321 一方、主に側頭葉が障害される前頭側頭型認知症では、物の名前が出てこないなどの意味記憶障害や相貌失認がみられる。

○

A322 若年性認知症は、介護保険の特定疾病に含まれ、介護保険とあわせて障害年金（障害基礎年金、障害厚生年金など）の受給も可能である。

×

Q323 正常圧水頭症の三大症状は、認知機能障害、すり足で小股に歩く歩行障害、レム睡眠行動障害である。

Q324 慢性硬膜下血腫は、軽い頭部外傷でも発症し、受傷後1〜3か月くらい経ってから症状が現れる。

Q325 抗精神病薬を過量に服用すると、興奮性BPSDを引き起こすおそれがある。

Q326 BPSD（認知症の行動・心理症状）の発症には、性格や生い立ちなどの個人的な要因も関係している。

Q327 回想法は、時間や場所、人物についての正しい情報を繰り返し示すことで、失われた見当識を改善する療法である。

Q328 地域包括支援センターや認知症疾患医療センターには認知症初期集中支援チームが配置され、認知症に関する初期の支援を包括的・集中的に行う。

Q329 認知症施策推進大綱では、認知症の発症を遅らせ、発症後も希望を持って日常生活を過ごせる社会をめざし、「共生」と「予防」を車の両輪として据えている。

A323 □□□ 　正常圧水頭症の三大症状は、認知機能障害、すり足で小股に歩く歩行障害、<u>尿失禁</u>。レム睡眠行動障害は、<u>レビー小体型認知症</u>にみられる。　✕

A324 □□□ 　慢性硬膜下血腫は、軽い頭部<u>外傷</u>や<u>転倒</u>で生じ、徐々に血液がたまって大きな血腫となるため、既往歴が<u>はっきりしない</u>ことも少なくない。　○

A325 □□□ 　抗精神病薬は統合失調症のほか、興奮性BPSDの<u>治療</u>にも用いられる。過量に服用すると、<u>認知機能</u>の低下、意欲や<u>自発性</u>の低下（アパシー）をきたすことがあり、注意が必要である。　✕

A326 □□□ 　BPSDは、性格や生い立ちなどの<u>個人</u>因子、住環境やケアの状況などの<u>環境</u>因子の影響を強く受ける。　○

A327 □□□ 　問題文の内容は、<u>リアリティ・オリエンテーション</u>である。回想法は、高齢者の古い記憶や思い出を活用する援助手法である。　✕

A328 □□□ 　認知症初期集中支援チームの対象者は、原則として<u>40</u>歳以上で、<u>在宅</u>で生活しており、かつ認知症が疑われる人または認知症の人である。　○

A329 □□□ 　大綱は、2019年6月に関係閣僚会議においてとりまとめられた。対象期間は、<u>団塊の世代</u>が75歳以上となる2025年までとされている。　○

135

重要ポイント まとめて
CHECK!!

Point 25 認知症

● 認知症の定義の見直し

2020（令和2）年の介護保険法改正により、認知症は「アルツハイマー病その他の神経変性疾患、脳血管疾患その他の疾患により日常生活に支障が生じる程度にまで認知機能が低下した状態として政令で定める状態」と定義が改められました。

● 高齢者に多い認知症

アルツハイマー型認知症	○脳にアミロイドβたんぱく質とタウたんぱく質が異常に蓄積し、正常な神経細胞が減少。 ○ゆるやかに進行し、BPSDを引き起こしやすい。 ○主症状は記憶障害で、近時記憶の障害が著しい。 ○病識が低下し、見当識障害、注意障害、遂行機能障害（実行機能障害）、失認、失行などが現れる。
血管性認知症	○脳梗塞や脳出血などが原因。近年では、広範囲の大脳白質虚血により起こるビンスワンガー型が多い。 ○ビンスワンガー型では認知反応が遅く、アパシー（著しい意欲や自発性の低下）やうつ状態が引き起こされる。 ○ビンスワンガー型は、ゆるやかに進行するケースも多い。
レビー小体型認知症	○αシヌクレインというたんぱく質が、脳や末梢神経などに異常沈着する。 ○運動障害（パーキンソン症状など）、自律神経症状（便秘や起立性低血圧など）、幻視（現実的で詳細な内容）、うつ、嗅覚低下など、多彩な症状が現れる。 ○記憶障害はアルツハイマー型より軽いことが多い。
前頭側頭型認知症	○限局性の脳の萎縮により起こる。 ○主に前頭葉が萎縮するタイプでは、記憶は比較的保たれるが、初期から病識を欠き、社会的認知の障害がみられる。また、脱抑制、易怒性、常同行動が目立つ。 ○主に側頭葉が萎縮するタイプでは、意味記憶障害（物品の名前が出てこない）、相貌失認が現れる。

Point26 認知症施策

これまで認知症施策は、新オレンジプラン（認知症施策推進総合戦略）に基づき進められてきましたが、2019（令和元）年6月に、新オレンジプランを引き継ぐ「認知症施策推進大綱」が取りまとめられ、政府全体で認知症に関する総合的な施策を推進することになりました。大綱では、認知症の発症を遅らせ、発症後も希望を持って日常生活を過ごせる社会をめざして「共生」と「予防」を車の両輪として据え、次の5つの柱に沿った取り組みが実施されています。対象期間は、団塊の世代が75歳以上となる2025（令和7）年までとされています。

①普及啓発・本人発信支援
②予防
③医療・ケア・介護サービス・介護者への支援
④認知症バリアフリーの推進・若年性認知症の人への支援・社会参加支援
⑤研究開発・産業促進・国際展開

● 認知症の人を支える地域の資源

認知症初期集中支援チーム	地域包括支援センターや認知症疾患医療センターなどに配置される。認知症が疑われる人や認知症の人、その家族を複数の専門職が訪問し、アセスメント、家族支援などの初期の支援を包括的・集中的に行う。
認知症疾患医療センター	都道府県・政令指定都市に設置される。認知症疾患に関する鑑別診断や初期対応、急性期医療に関する対応、専門医療相談の実施などを、保健医療・介護機関等、かかりつけ医などと連携しながら行う。
認知症カフェ	認知症の人や家族の集いの場づくりのこと。認知症の人と家族、地域住民、専門家のだれもが参加できる。
チームオレンジ	認知症サポーターが中心となって支援チームをつくり、認知症の人やその家族に対し、支援ニーズに応じた外出支援、見守り、声かけ、話し相手などの具体的な支援につなげる。チームオレンジの立ち上げや運営支援を担うのがチームオレンジコーディネーターで、地域包括支援センターなどに配置される。

15 高齢者の精神障害

Q330 老年期うつ病では、意欲や集中力の低下、認知機能の低下が目立ち、認知症に間違われることがある。

注目 **Q331** 老年期うつ病では気分の落ち込みよりも、不安や緊張、焦燥感が目立ち、身体不調の訴えが多くなる傾向がある。

Q332 老年期うつ病の治療は支持的療法が中心となり、薬物使用はできるかぎり行わない。

Q333 統合失調症の大半は、思春期から中年期以前に発症する。

注目 **Q334** 遅発パラフレニーは、人格障害が老年期になってさらに著しく偏り、妄想を伴うようになったものをいう。

Q335 高齢アルコール依存症では、糖尿病や高血圧などの身体合併症が出現することが多い。

Q336 アルコール依存症の場合、まったく飲まない環境を整備するのではなく、たまには飲みながらアルコールの量を減らしていくことが大切である。

A330 認知症の症状として、うつや意欲低下もみられるため、うつ病との鑑別診断が重要である。また、うつ病自体が認知症の発症リスクとなる。 ○

A331 高齢者では、めまい、しびれ、排尿障害、便秘などの自律神経症状も現れやすい。 ○

A332 老年期うつ病の治療では、薬物療法が中心となる。あわせて支持的療法なども行う。 ✕

A333 老年期になり、「残遺状態」(初期症状の消失後も長く障害が残る状態)では、認知症との鑑別が難しくなることもある。 ○

A334 遅発パラフレニーは、妄想性障害のひとつで、人格や感情反応は保たれているのに著しい妄想を主症状とするものである。 ✕

A335 高齢アルコール依存症ではこのほか、離脱症状が長引きやすい、認知症やうつ病を合併する割合が高いという特徴がある。 ○

A336 少しずつでもアルコールを摂取していると、断酒することができないので、飲まない環境を整備することが大切である。 ✕

16 薬の作用と服薬管理

Q337 高齢者の場合、併用する薬が多いため、その相互作用による副作用が出やすい。

Q338 腎機能が低下している場合、薬の血中濃度が上がり、作用が増強する。

Q339 ビタミンCを含む野菜などは、抗凝固薬の作用を弱める働きがある。

Q340 服薬する際には、高齢者の上半身を起こし、通常は100mL程度の水またはぬるま湯で飲んでもらう。

Q341 薬の錠剤は、形態を変えても薬の効果は変わらないため、嚥下困難がある場合は適宜つぶして服用する。

Q342 非ステロイド性消炎鎮痛薬の副作用によって、低血糖の症状が現れることがある。

Q343 利尿薬や抗うつ薬の副作用によって唾液の分泌が亢進する。

A337 高齢者は、併用する薬が多く、<u>生理・生体機能</u>の低下によって<u>薬効</u>や副作用が強く出やすい。 ○

A338 <u>腎機能</u>が低下している場合には、薬の排出が遅くなって血中濃度が<u>上昇</u>し、薬の作用が<u>増強</u>する。 ○

A339 抗凝固薬の作用を弱める働きがあるのは、ビタミン<u>K</u>を含む<u>納豆</u>やクロレラ、緑色野菜などの食品である。 ×

A340 寝たまま<u>少量</u>の水で服用した場合、食道に薬がとどまり、潰瘍などができる場合もある。 ○

A341 薬の錠剤をつぶすなど形態を変えると、効果が得られなかったり、苦みや特異臭が生じることがあるため、<u>専門的</u>な判断が必要である。嚥下困難がある場合は、<u>服薬補助ゼリー</u>やおかゆに混ぜるなどのくふうをする。 ×

A342 低血糖は、<u>血糖降下薬</u>の副作用で現れやすい。非ステロイド性消炎鎮痛薬の副作用には、胃の不快感、<u>腎</u>機能障害などがある。 ×

A343 利尿薬や抗うつ薬の副作用により唾液の分泌が<u>減少</u>する。唾液分泌が減ると口腔内の衛生が保てなくなり、<u>誤嚥性肺炎</u>などの原因となる。 ×

Point 27 薬の作用

● 薬の吸収〜排出のしくみ

薬は、主に小腸から吸収され、肝臓で薬物代謝（酵素により解毒）されたあと、血液とともに全身に送り出されます。

そして必要な場所で効果を発揮したあと、再び肝臓で代謝され、腎臓でろ過されたあと、主に尿として排出されます。

● 高齢者の問題点

栄養状態悪化	たんぱく質と結合できない薬が増える。
肝機能の低下	薬物代謝が遅くなる。
腎機能の低下	薬の排出が遅くなる。

↓

薬の血中濃度が上昇

↓

薬の作用増強

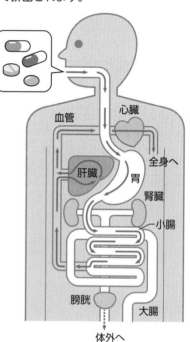

血管　心臓

肝臓　胃　全身へ

腎臓

小腸

膀胱　大腸

体外へ

得点UPのカギ 【特定の食品などと薬の相互作用】
・グレープフルーツ→代謝の酵素に影響
・ビタミンKを含む納豆、クロレラ、緑色野菜等→抗凝固薬の作用を弱める

Point 28 薬の副作用

副作用	原因となる薬
起立性低血圧	降圧薬
眠気、ふらつき、注意力低下、健忘	抗精神病薬、抗不安薬、抗うつ薬、抗パーキンソン病薬
低血糖	血糖降下薬
頻尿、脱水症状	利尿薬
口渇（唾液分泌抑制）	利尿薬、抗不安薬、抗うつ薬、抗パーキンソン病薬、麻薬
出血傾向	抗血小板薬、抗凝固薬
便秘、頻脈、排尿困難、嚥下障害	抗不安薬、抗うつ薬、抗パーキンソン病薬
胃の不快感、食欲不振、消化管出血のおそれ、腎障害	非ステロイド性消炎鎮痛薬
消化器症状	鉄剤
パーキンソン様症状	抗精神病薬、胃腸症状改善薬
尿閉	抗ヒスタミン薬、向精神薬、抗うつ薬
骨粗鬆症	ステロイド薬の長期内服
徐脈、不整脈、食欲不振	ジギタリス製剤

【薬の形態】
・OD錠（口腔内崩壊錠）→唾液や少量の水で溶け、消化管から吸収
・舌下錠→口腔粘膜から有効成分を急速に吸収させる

Q344 インスリンの在宅自己注射実施中は、低血糖や高血糖を引き起こすことがある。

Q345 インスリンの在宅自己注射実施中は、血糖コントロールが適切に行われていれば、食事摂取量について留意する必要はない。

Q346 医療用麻薬の主な副作用として、眠気、便秘、吐き気、嘔吐がある。

Q347 血液透析を行っている場合、血圧測定は、シャント側の腕でシャントの位置からずらして行う。

Q348 腹膜透析は、透析施設に週2～3回通院して管理する必要がある。

Q349 在宅中心静脈栄養法を行っている場合でも、入浴することができる。

Q350 胃ろうに留置しているカテーテルは突然抜けることがあるが、胃ろうは閉鎖することはない。

A344
インスリン注射では、血糖コントロールが不良だと<u>高血糖</u>による昏睡が起こることもある。

◯

A345
いつもより<u>食事摂取量</u>が減ると、インスリンの過剰により血糖値が下がり過ぎ、<u>低血糖</u>となることがある。

✕

A346
また、医療用の麻薬（モルヒネなど）の投与方法には、<u>経口</u>薬、貼り薬、座薬、舌下錠、バッカル錠、<u>注射</u>薬がある。

◯

A347
シャントのため針を刺す血管は、大切に扱わなければならない。圧迫をさけるため、<u>シャント側</u>での血圧測定は行わない。

✕

A348
透析施設に週２〜３回通院して管理する必要があるのは、<u>血液透析</u>である。腹膜透析では、通院は月１〜２回だが、長期間の実施は難しい。

✕

A349
入浴することはできるが、細菌感染などに留意し、特別な配慮が必要。具体的な方法について、<u>医師</u>に確認する。

◯

A350
胃ろうに留置しているカテーテルは突然抜けることがあり、抜けた場合は胃ろうは<u>閉鎖する</u>ため、医療職への連絡体制を確保しておく。

✕

| Q351 | | | |

経管栄養食を注入する際には仰臥位にする。

| Q352 | | | | 注目

在宅酸素療法を実施中に、呼吸の息苦しさを感じる場合は、適宜自己判断で酸素流量を増やす。

| Q353 | | | | 注目

酸素濃縮器などを使用中は、装置の周囲2m以内には、火気を置いてはならない。

| Q354 | | | |

在宅人工呼吸療法を行っていても、ポータブル型の酸素濃縮器や携帯型酸素ボンベを持って外出や旅行は可能である。

| Q355 | | | | 注目

在宅人工呼吸療法は、必ず気管切開をして実施する。

| Q356 | | | |

バルーンカテーテル法（膀胱留置カテーテル法）実施中は、できる範囲内で水分摂取を勧める。

| Q357 | | | |

バルーンカテーテル法（膀胱留置カテーテル法）の蓄尿バッグは、膀胱よりも高い位置に置く。

| A351 | 流動食を注入する際には上半身を30度以上起こした状態で行う。 | ✕ |

| A352 | 酸素の吸入量や時間は医師の指示に基づいて行い、自己判断で酸素流量を増やしたり、減らしたりしてはならない。 | ✕ |

| A353 | 酸素供給器には、高濃度の酸素が入っているため、使用中は機器の周囲2m以内に火気を置かない。酸素吸入中は禁煙である。 | ◯ |

| A354 | 医師の診断書や同意書が求められる場合もあるが、飛行機の搭乗も可能である。緊急時の連絡体制は確保する。 | ◯ |

| A355 | 在宅人工呼吸療法では、マスクなどを使用して実施する方法と気管切開などをして実施する方法がある。 | ✕ |

| A356 | 水分摂取量が少ないと、尿が濁ったり、臭いが強くなったりすることがあり、できる範囲内で水分摂取を勧める。 | ◯ |

| A357 | バルーンカテーテル法（膀胱留置カテーテル法）の蓄尿バッグは、尿の逆流や感染予防のため膀胱よりも低い位置に置く。 | ✕ |

Q358 標準予防策（スタンダード・プリコーション）は、感染症の有無にかかわらず、すべての人のケアに際して適用する予防策である。

Q359 手指衛生では、手袋をはずしたあとも、流水による手洗い、消毒を実施する。

Q360 C型肝炎ウイルスは経口感染するため、施設では、食器類はほかの人とわけて対応する。

Q361 介護施設にMRSA（メチシリン耐性黄色ブドウ球菌）の保菌者がいる場合は、ほかの入所者に感染しないよう標準予防策を遵守する。

注目 **Q362** 高齢者では、インフルエンザワクチン、肺炎球菌ワクチンを同時に接種することは避けたほうがよい。

注目 **Q363** ノロウイルス感染症では、下痢などの症状がなくなった場合はウイルスの排出はないと考える。

Q364 ノロウイルス感染症患者の吐物や便を処理したあとは、調理器具や床などを必ずアルコールで消毒する。

A358

標準予防策では、あらゆる人の血液、体液、分泌物、排泄物、創傷のある皮膚、粘膜を感染の可能性のある物質とみなし対応する。

○

A359

手指衛生の際には、手のひら、指先、指の間、親指、手首まで実施するのが基本である。

○

A360

C型肝炎ウイルスは主に血液を介して感染するので、血液に直接触れなければ日常生活での感染の心配はない。

×

A361

MRSAは抗生物質に対する強い耐性をもち、呼吸器や消化器などさまざまな部位に感染症を引き起こす。高齢者や体力の弱まった状態では、感染すると難治性となり、予後不良の場合が少なくない。

○

A362

インフルエンザワクチン、肺炎球菌ワクチンは高齢者に接種が推奨され、両者を併用することで入院や死亡のリスクを抑えることができる。

×

A363

ノロウイルス感染症では、下痢などの症状がなくなっても、患者の便中にウイルスが排出される。

×

A364

患者の吐物や便の処理後には、調理器具や床などを次亜塩素酸ナトリウムで消毒する。

×

重要ポイント まとめて
CHECK!!

Point 29 在宅医療管理

在宅自己注射	高齢者では、糖尿病の治療のためのインスリン製剤の自己注射が多い。 ◆血糖コントロール不良による低血糖や高血糖に注意。
在宅での悪性腫瘍疼痛管理	治療にはしばしば医療用麻薬が使われる。副作用は主に吐き気、嘔吐、便秘、眠気、まれにせん妄があり、注意が必要。
腹膜透析	在宅で行える人工透析として、腎不全、糖尿病性腎症に有効。
在宅中心静脈栄養法	悪性腫瘍などにより食物の経口摂取、あるいは経腸栄養摂取ができない場合に行われる療法のひとつ。
胃ろう	経口からの栄養摂取が困難な場合に、腹部の皮膚から胃に通す穴を開け、胃にカテーテルを留置して栄養を注入する方法。 ◆カテーテルの脱落に注意。 ◆注入時の速度、半座位の確保などについての知識が必要。
在宅酸素療法（HOT）	高度慢性呼吸不全、肺高血圧症など（基礎疾患で最も多いのは慢性閉塞性肺疾患、特に肺気腫）により動脈血内の酸素量が少ない場合に、在宅で酸素を吸入させる方法。 ◆火気厳禁。
在宅人工呼吸療法	長期的に気道を確保する方法。 ◆予備バッテリーの確保、連絡体制の確認、アンビューバッグの手技習得などトラブルや緊急時の備えが重要。
その他	・在宅自己導尿…排尿障害がある場合 ・ネブライザー…慢性気管支炎、喘息などで日常的に痰がたまる場合

Point 30 感染症

● 標準予防策（スタンダード・プリコーション）

あらゆる人の血液、体液、分泌物、排泄物、創傷のある皮膚、粘膜には感染性があると考えて、すべての患者や利用者に対して行う感染予防策。

手指衛生	・流水と石けんによる手洗いを行い、消毒（アルコール製剤など）を実施する。 ・手のひら、指先、指の間、親指、手首まで実施。 ・手袋をはずしたあとも行う。
うがい	口やのどに吸いこんだ病原体を洗い流す。
個人防護具	血液、体液、分泌物、排泄物などを扱う場合には、手袋やマスク、必要に応じてゴーグル、ガウン、エプロンなどを着用。
咳エチケット	咳やくしゃみなどの症状がある人はマスク着用。

● 感染経路別予防策

種類	主な感染経路	予防・対応
MRSA（メチシリン耐性黄色ブドウ球菌）	接触感染	・手指衛生励行、個人防護具着用。 ・介護施設に保菌者がいる場合は、ほかの入所者に感染しないよう標準予防策を遵守する。
インフルエンザウイルス	飛沫感染	・インフルエンザワクチン接種で予防。 ・個人防護具（マスク）着用。
ノロウイルス	接触感染 （飛沫感染）	・手指衛生励行。 ・便や吐物処理時の二次感染に注意。手袋着用、次亜塩素酸ナトリウムで拭き取る。

> **得点UPのカギ** 【がんの発症に関与する細菌・ウイルス】
> ・肝炎ウイルス→肝臓がん
> ・ピロリ菌（ヘリコバクター・ピロリ）→胃がん
> ・ヒト・パピローマ・ウイルス→子宮頸がん
> ・ヒトT細胞性白血病ウイルス→成人T細胞性白血病

Q365 傷口からの出血量が多い場合は、傷口を清潔なガーゼ等で圧迫し、出血部位を心臓より高くする。

Q366 高齢者が異物を上気道につまらせて窒息した場合、背部叩打法は避けたほうがよい。

Q367 脳梗塞や心筋梗塞の既往のある人では、吐血がある場合に薬の副作用の可能性についても考える。

Q368 新鮮血の下血を見たら、まず胃や十二指腸など上部消化管からの出血を疑うべきである。

Q369 高齢者が嘔吐した場合には、側臥位にして口の中の嘔吐物を取り除く。

Q370 急性の麻痺症状では、脳血管障害などの神経系の疾患が疑われる。

Q371 一次救命処置は、正しい知識と適切な処置のしかたを知っていれば、誰でも行うことができる。

A365 出血が激しい場合や清潔な布がない場合は、出血部位よりも心臓に近い部位を圧迫して止血する。 ○

A366 異物除去が最優先で、腹部突き上げ法のほか背部叩打法も有効。後ろから、手のひらの基部で、左右の肩甲骨の中間あたりを強くたたく。 ×

A367 抗血小板薬や抗凝固薬では、出血しやすくなり、吐血のほか下血の副作用が出る可能性もある。 ○

A368 新鮮血の下血では、大量出血や大腸からの出血を疑う。胃や十二指腸など上部消化管から出血した場合は、タール便（黒っぽいドロドロした血便）になる。 ×

A369 嘔吐したら、のどがつまらないように側臥位にし、口の中の嘔吐物を取り除く。意識や呼吸状態が悪い、嘔吐物に血が混じっている場合には緊急受診が必要である。 ○

A370 急性の麻痺症状があった場合は、緊急に医療機関へ連絡し、検査や治療を受ける必要がある。 ○

A371 特に、心停止の原因となる心室細動では、AED（自動体外式除細動器）の使用が必要となる。 ○

Q372 ターミナルケアは、専門職やボランティアなどによるチームケアで行う。

Q373 自らが望む人生の最終段階における医療・ケアについて事前に話し合い、共有する取り組みのことをアドバンス・ケア・プランニング（ACP）という。

Q374 食欲が落ち、体重が減った場合は、本人の楽しみよりも、経管栄養などの栄養補給が優先される。

Q375 便秘がちになっても、できるかぎり下剤の服用は避けるようにする。

Q376 厚生労働省による「認知症の人の日常生活・社会生活における意思決定支援ガイドライン」では、①意思表明支援、②意思実現支援という2つの支援プロセスを踏むことの重要性が強調されている。

Q377 臨終が近づくと呼吸の変化があり、チェーンストークス呼吸や下顎（かがく）呼吸が現れる。

注目

Q378 在宅での臨終で医師が立ち会っていない場合は、まず医師に連絡し、死亡診断書を依頼しなければならない。

A372

ターミナルケアの基本は、死にゆく人に対する<u>全人的</u>なかかわりである。メンバー全員が<u>共通</u>したケアの考え方や方針をもって対応する。

○

A373

厚生労働省では、ACPを普及させるため「<u>人生会議</u>」という愛称を定めている。

○

A374

ターミナルケアでは、利用者の「<u>喜び</u>」の支援という視点も大切である。食べたいときに、食べたい食事をとればよいとする。

×

A375

便秘への対応では、<u>下剤</u>や看護師による摘便、浣腸などにより、３日から５日に一度は排便があるようにする。

×

A376

ガイドラインでは、①<u>意思形成</u>支援、②<u>意思表明</u>支援、③<u>意思実現</u>支援という３つの支援プロセスを踏むことの重要性が強調されている。

×

A377

チェーンストークス呼吸は、呼吸が止まることがあるが、しばらくすると<u>再開</u>する。臨終の前には、顎であえぐような<u>下顎</u>呼吸が現れる。

○

A378

医師が診療中の患者が受診後<u>24</u>時間以内に死亡した場合は、あらためて診察をすることなく、死亡診断書を交付することができる。

○

Q379
訪問看護ステーションの理学療法士が在宅の要介護者を訪問してリハビリテーションを行った場合、訪問リハビリテーション費として算定される。

Q380
訪問看護ステーションには、医師を配置しなければならない。

Q381 注目
末期悪性腫瘍患者の要介護者の場合は、訪問看護は介護保険から給付される。

Q382
急性増悪などにより、主治医から特別訪問看護指示書が交付された場合、原則として連続14日まで訪問看護は医療保険から給付される。

Q383 注目
緊急時訪問看護加算を居宅サービス計画に組み込めば、利用者や家族は事業所に24時間いつでも連絡をとることができる。

Q384
訪問看護における療養上の世話には、食事や排泄の援助は含まれない。

Q385
訪問看護の提供を開始する際には、主治医の指示を文書で受けなければならない。

A379 ☐☐☐ 訪問看護ステーションの理学療法士がリハビリテーションを行った場合は、訪問看護費として算定される。 ✕

A380 ☐☐☐ 訪問看護ステーションには、従業者として、看護職員が常勤換算で2.5人以上、適当数の理学療法士、作業療法士、言語聴覚士を配置する。 ✕

A381 ☐☐☐ 要介護者であっても、末期悪性腫瘍患者や筋萎縮性側索硬化症など神経難病患者などへの訪問看護は医療保険からの給付となる。 ✕

A382 ☐☐☐ 例外として、気管カニューレを使用している人、真皮を越える褥瘡の状態にある人には、連続28日まで医療保険の訪問看護が給付される。 〇

A383 ☐☐☐ 緊急時訪問看護加算は、24時間連絡体制のある事業所が、利用者の同意を得て、計画外の緊急訪問を必要に応じて行う場合に算定できる。 〇

A384 ☐☐☐ 療養上の世話には、食事援助、排泄援助、入浴介助や清拭、口腔ケアなどが含まれる。 ✕

A385 ☐☐☐ 訪問看護開始時の主治医の指示は口頭ではなく、文書で受けなければならない。 〇

Q386 訪問看護事業者は、訪問看護報告書を主治医に提出しなければならない。

Q387 看護師等は、要介護者の病状に急変が生じた場合でも、主治医に連絡せずに臨時応急の手当てを行ってはならない。

Q388 特別管理加算は、在宅悪性腫瘍患者指導管理など診療報酬で算定される一定の在宅医療管理を受けている人のみが対象となる。

注目

Q389 訪問介護事業所と連携し、痰の吸引などを円滑に行うための支援を実施した場合は、サービス提供体制強化加算の対象となる。

Q390 利用者の身体的理由により、利用者やその家族などの同意を得て、看護師ではなく理学療法士が訪問看護を提供した場合には、加算対象となる。

Q391 介護予防訪問看護報告書は、介護予防訪問看護計画書に記載されたサービスの実施状況についてモニタリングを行い、その結果を踏まえて作成される。

A386 提供したサービス内容などを記載した訪問看護報告書は、訪問看護計画書と同様に定期的に主治医に提出しなければならない。

A387 要介護者の病状に急変が生じた場合には、看護師等は臨時応急の手当てを行うとともに、すみやかに主治医の指示を仰ぐ。

A388 特別管理加算は、人工肛門または人工膀胱を設置している状態、真皮を越える褥瘡の状態、点滴注射を週3日以上行う状態の人も対象。

A389 訪問介護事業所と連携し、痰の吸引などを円滑に行うための支援を実施した場合は、看護・介護職員連携強化加算の対象となる。

A390 利用者の身体的理由により、利用者やその家族などの同意を得て、複数の看護師等が訪問看護を提供した場合には、加算対象となる。

A391 介護予防訪問看護報告書を主治医に定期的に提出するとともに、介護予防サービス計画を作成した指定介護予防支援事業者への報告も行う。

重要ポイント まとめて CHECK!!

Point 31 介護保険の医療サービス

介護保険における在宅の医療サービスには、次の種類があります。

○**居宅サービス・地域密着型サービス**

…**訪問看護、訪問リハビリテーション、居宅療養管理指導、通所リハビリテーション、短期入所療養介護**、訪問看護サービスを提供する場合の**定期巡回・随時対応型訪問介護看護**、看護サービスを提供する場合の**看護小規模多機能型居宅介護**

○**介護予防サービス**

…**介護予防訪問看護、介護予防訪問リハビリテーション、介護予防居宅療養管理指導、介護予防通所リハビリテーション、介護予防短期入所療養介護**

以下の医療サービスを提供する病院などには、申請をせずとも指定を受けたとみなされる特例（みなし指定）があります。

事業者・施設	申請不要なサービス
病院・診療所	・居宅療養管理指導　　・訪問看護 ・訪問リハビリテーション　・通所リハビリテーション ・介護予防居宅療養管理指導　・介護予防訪問看護 ・介護予防訪問リハビリテーション ・介護予防通所リハビリテーション
保険薬局	・居宅療養管理指導　　・介護予防居宅療養管理指導
介護老人保健施設	・短期入所療養介護　　・通所リハビリテーション ・介護予防短期入所療養介護 ・介護予防通所リハビリテーション
介護医療院	・短期入所療養介護　　・通所リハビリテーション ・介護予防短期入所療養介護 ・介護予防通所リハビリテーション

Point 32 介護保険と医療保険による訪問看護

要介護者、要支援者であっても医療ニーズの高い末期がんや神経難病等の患者、病状が急性期にある患者は、例外的に医療保険から給付されます。

介護保険から給付	要介護者、要支援者への訪問看護 （ただし下欄の①②を除く）
医療保険から給付	○要介護者、要支援者以外への訪問看護 ○要介護者、要支援者への訪問看護のうち 　①　急性増悪時の訪問看護 　②　以下の疾病などに該当する患者への訪問看護 　　○末期がん 　　○多発性硬化症　○重症筋無力症 　　○スモン　○筋萎縮性側索硬化症 　　○脊髄小脳変性症　○ハンチントン病 　　○進行性筋ジストロフィー症 　　○パーキンソン病関連疾患 　　　（ホーエン・ヤールのステージ3以上で生活機能障害度がⅡ度またはⅢ度のものにかぎる） 　　○多系統萎縮症　○プリオン病 　　○亜急性硬化性全脳炎 　　○ライソゾーム病 　　○副腎白質ジストロフィー 　　○脊髄性筋萎縮症 　　○球脊髄性筋萎縮症 　　○慢性炎症性脱髄性多発神経炎 　　○後天性免疫不全症候群 　　○頸髄損傷　○人工呼吸器装着 　③　精神科訪問看護（認知症を除く）

得点UPのカギ 【特別訪問看護指示書】
・利用者の病状が急激に悪くなったときには、主治の医師から交付される。
・原則として月1回、連続14日間を限度に医療保険から訪問看護を提供できる。

22 訪問リハビリテーション

注目

Q392 訪問リハビリテーションは、看護師または保健師が行うことができる。

Q393 訪問リハビリテーションを提供する場合には、居宅サービス計画の内容に沿って訪問リハビリテーション計画を作成しなければならない。

改正

Q394 事業者は、リハビリテーション専門職のみで構成されるリハビリテーション会議を開催する。

Q395 訪問リハビリテーションでは、福祉用具利用、住宅改修に関する助言や指導は行わない。

Q396 訪問リハビリテーション計画の作成は、医師のみが行うことができる。

Q397 短期集中リハビリテーション実施加算を算定できるのは、退院・退所日または新規認定日から3か月以内である。

Q398 介護予防訪問リハビリテーション事業者は、サービスの実施状況やその評価について、すみやかに診療記録を作成し医師に報告しなければならない。

A392 訪問リハビリテーションのサービス担当者は、理学療法士、作業療法士、言語聴覚士にかぎられる。 ✕

A393 サービスは、居宅サービス計画と、居宅サービス計画の内容に沿って作成された訪問リハビリテーション計画に基づき提供される。 ◯

A394 リハビリテーション会議は、利用者や家族の参加を基本としつつ、リハビリテーション専門職のほか、医師、介護支援専門員など多職種により構成され、利用者の情報を共有する。 ✕

A395 専門的立場から、福祉用具利用、住宅改修に関する助言や指導を行う。 ✕

A396 訪問リハビリテーション計画は、医師の診療に基づいて、医師および理学療法士、作業療法士、言語聴覚士が作成する。 ✕

A397 退院・退所日または新規認定日（認定の効力が生じた日）から3か月以内の集中的（おおむね週2日以上）な訪問リハビリテーションを評価するものである。 ◯

A398 また、モニタリングの結果は記録し、指定介護予防支援事業者に報告しなければならない。 ◯

163

23 居宅療養管理指導

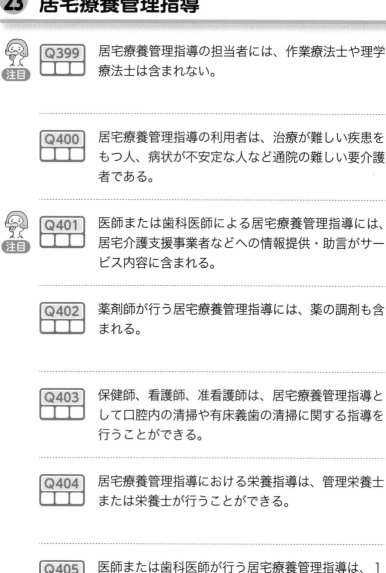

Q399 居宅療養管理指導の担当者には、作業療法士や理学療法士は含まれない。

Q400 居宅療養管理指導の利用者は、治療が難しい疾患をもつ人、病状が不安定な人など通院の難しい要介護者である。

Q401 医師または歯科医師による居宅療養管理指導には、居宅介護支援事業者などへの情報提供・助言がサービス内容に含まれる。

Q402 薬剤師が行う居宅療養管理指導には、薬の調剤も含まれる。

Q403 保健師、看護師、准看護師は、居宅療養管理指導として口腔内の清掃や有床義歯の清掃に関する指導を行うことができる。

Q404 居宅療養管理指導における栄養指導は、管理栄養士または栄養士が行うことができる。

Q405 医師または歯科医師が行う居宅療養管理指導は、1か月に4回を限度に算定できる。

A399
居宅療養管理指導は、医師または歯科医師、薬剤師、管理栄養士、歯科衛生士などが行う。作業療法士や理学療法士は含まれない。 ○

A400
居宅療養管理指導は、通院が難しい要介護者で、医師によりサービスが必要と判断された場合に提供される。 ○

A401
居宅介護支援事業者などへの情報提供・助言は、原則としてサービス担当者会議への出席により行い、出席できない場合は文書により行う。 ○

A402
薬剤師が行う居宅療養管理指導（薬学的管理指導）は、医師または歯科医師の指示に基づく薬学的管理や指導である。 ✕

A403
看護職員（保健師、看護師、准看護師）は、歯科衛生士と同様に口腔内の清掃や有床義歯の清掃に関する指導を行うことができる。 ○

A404
居宅療養管理指導における栄養指導は、管理栄養士が栄養管理に関する情報提供や助言・指導を行う。栄養士は行うことができない。 ✕

A405
医師または歯科医師が行う居宅療養管理指導は、1か月に2回を限度に算定できる。 ✕

165

24 通所リハビリテーション

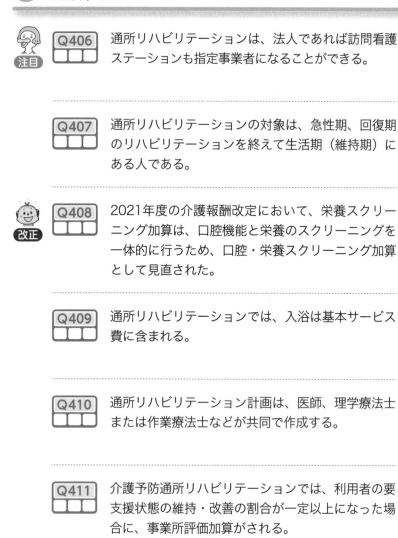

注目

Q406 通所リハビリテーションは、法人であれば訪問看護ステーションも指定事業者になることができる。

Q407 通所リハビリテーションの対象は、急性期、回復期のリハビリテーションを終えて生活期（維持期）にある人である。

改正

Q408 2021年度の介護報酬改定において、栄養スクリーニング加算は、口腔機能と栄養のスクリーニングを一体的に行うため、口腔・栄養スクリーニング加算として見直された。

Q409 通所リハビリテーションでは、入浴は基本サービス費に含まれる。

Q410 通所リハビリテーション計画は、医師、理学療法士または作業療法士などが共同で作成する。

Q411 介護予防通所リハビリテーションでは、利用者の要支援状態の維持・改善の割合が一定以上になった場合に、事業所評価加算がされる。

Q412 介護予防通所リハビリテーションでは、サービスの提供状況などの報告を、少なくとも1か月に1回は指定介護予防支援事業者に行うこととされている。

A406
通所リハビリテーションの事業者は、病院、診療所、<u>介護老人保健施設</u>、<u>介護医療院</u>にかぎられる。 ✕

A407
身体機能や嚥下、言語などの障害がある人、認知症の人、<u>ADL</u>や<u>IADL</u>の維持・回復を図りたい人などが対象である。 ◯

A408
通所系サービスのほか、居住系・多機能系サービスにおいても同様である。また、<u>栄養アセスメント</u>加算が通所系サービスと<u>看護小規模多機能型居宅介護</u>に新設された。 ◯

A409
通所リハビリテーションでは、<u>入浴</u>サービスは基本サービス費に含まれず、行った場合に<u>入浴介助加算</u>がされる。 ✕

A410
通所リハビリテーション計画は、<u>診療</u>（医師の診察内容）や<u>運動機能</u>検査、<u>作業能力</u>検査などに基づいて、共同で作成する。 ◯

A411
介護予防通所リハビリテーションの介護報酬は、<u>月</u>単位の定額で、<u>要支援状態</u>区分別に設定される。 ◯

A412
<u>サービス提供期間が終了</u>するまでに少なくとも<u>1回</u>はモニタリングを行い、その結果を指定介護予防支援事業者へ報告する。 ◯

25 短期入所療養介護

Q413 介護医療院は、短期入所療養介護を行うことができる。

Q414 短期入所療養介護のユニット型では、ユニットごとに常時1人以上の介護職員または看護職員を配置しなければならない。

Q415 短期入所療養介護は、介護者の旅行など私的な理由でも利用することができる。

Q416 難病などのある中重度者または末期の悪性腫瘍の要介護者を対象に、日帰りの短期入所療養介護の提供が行われている。

Q417 短期入所療養介護では、利用者の病状に応じた、検査、投薬、注射、処置などを行う。

Q418 緊急短期入所受入加算は、介護支援専門員がその必要性を認め居宅サービス計画にないサービスを行った場合に、4日を限度として算定できる。

Q419 介護予防短期入所療養介護計画は、利用期間が3日以内であれば、必ずしも作成する必要はない。

A413 介護老人保健施設、療養病床のある病院・診療所なども行うことができる。 〇

A414 さらに、2ユニットごとに1人以上の夜勤職員の配置、ユニットごとに常勤のユニットリーダーの配置も規定されている。 〇

A415 短期入所療養介護は、介護者にレスパイト・ケアを与えるという役割もあり、社会的・私的なケースに対応する。 〇

A416 日中のみの日帰りの短期入所療養介護を特定短期入所療養介護という。介護予防短期入所療養介護には設定されていない。 〇

A417 医療ニーズの高い要介護者に対し、診療や疾病に対する医学的管理、リハビリテーションなどを行う。 〇

A418 緊急短期入所受入加算は、原則として7日（利用者家族の疾病等やむを得ない事情がある場合には14日）を限度として算定できる。 ✕

A419 介護予防短期入所療養介護計画は、利用期間がおおむね4日以上継続する利用者の場合に作成される。 〇

Q420 定期巡回・随時対応型訪問介護看護事業所の計画作成責任者は、介護支援専門員でなくてはならない。

Q421 定期巡回・随時対応型訪問介護看護計画は、居宅サービス計画に沿って作成され、居宅サービス計画に位置づけられた提供日時を変更することはできない。

注目

Q422 連携型定期巡回・随時対応型訪問介護看護事業所では、訪問看護サービスを行わない。

Q423 定期巡回・随時対応型訪問介護看護事業者は、介護・医療連携推進会議を設置する。

Q424 看護小規模多機能型居宅介護事業所（サテライト事業所を除く）の登録定員は、12人以下とする。

Q425 看護小規模多機能型居宅介護では、通いサービスを中心として、訪問サービス、宿泊サービスを柔軟に組み合わせて提供する。

Q426 看護小規模多機能型居宅介護事業所では、看護小規模多機能型居宅介護計画に基づきサービスが提供されるため、居宅サービス計画は作成されない。

A420 事業所の計画作成責任者は、看護師、介護福祉士、医師、保健師、准看護師、社会福祉士、介護支援専門員のいずれかでなくてはならない。

×

A421 サービスの提供日時については、居宅サービス計画に位置づけられた日時にかかわらず、計画作成責任者が決定できる。

×

A422 連携型事業所では、連携先の訪問看護事業所が訪問看護サービスを実施する。

○

A423 介護・医療連携推進会議は利用者、家族、地域住民の代表者、医療関係者、地域包括支援センターの職員などにより構成される。

○

A424 小規模多機能型居宅介護（サテライト事業所を除く）と同様に、登録定員は29人以下である。

×

A425 登録者が通いサービスを利用しない日でも、可能なかぎり訪問サービスや電話連絡による見守りなどを行う。

○

A426 事業所の介護支援専門員が居宅サービス計画を作成し、看護小規模多機能型居宅介護計画も作成する。

×

Q427 介護老人保健施設では、医師は非常勤でもよいとされている。

Q428 サテライト型小規模介護老人保健施設の定員は、29人以下である。

注目 **Q429** 入所定員が100人以上の場合に配置する栄養士または管理栄養士は、他の職務と兼務しない常勤の者でなければならない。

Q430 介護老人保健施設には、在宅生活支援施設としての役割もある。

Q431 介護老人保健施設における食費や居住費は施設介護サービス費の対象外であるため、利用者が負担する。

Q432 入所者が退所する場合、施設の介護支援専門員は、医師に対してのみ情報提供を行ってよい。

Q433 入所者に対して、施設では必要な医療の提供が困難になった場合には、協力病院への入院などの処置がとられる。

| A427 | 医師は、原則として常勤で1人以上配置する。入所者100人に対し、常勤換算で1人以上必要。 | × |

| A428 | サテライト型小規模介護老人保健施設は、本体施設との密接な連携を図りつつ、本体施設とは別の場所で運営される。 | ○ |

| A429 | 栄養士または管理栄養士は、常勤で1人以上とされているが、同一敷地内にある病院等の栄養士または管理栄養士がいることにより、栄養管理に支障がない場合は、兼務が可能である。 | × |

| A430 | 介護老人保健施設には、包括的ケアサービス施設、リハビリテーション施設、在宅復帰（通過）施設、在宅生活支援施設、地域に根ざした施設、という5つの役割と機能がある。 | ○ |

| A431 | 食費や居住費、特別な療養室などの費用、特別な食事の費用、理美容代などは、利用者が負担する。 | ○ |

| A432 | 退所時には、施設の介護支援専門員は、居宅介護支援事業者と連携し、居宅サービス計画作成のための情報を提供する。 | × |

| A433 | 介護老人保健施設では、入所者の病状の急変などに備え、あらかじめ協力病院を定めておかなければならない。 | ○ |

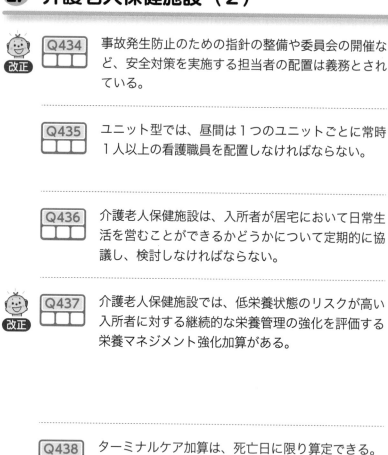

Q434
事故発生防止のための指針の整備や委員会の開催など、安全対策を実施する担当者の配置は義務とされている。

Q435
ユニット型では、昼間は1つのユニットごとに常時1人以上の看護職員を配置しなければならない。

Q436
介護老人保健施設は、入所者が居宅において日常生活を営むことができるかどうかについて定期的に協議し、検討しなければならない。

Q437
介護老人保健施設では、低栄養状態のリスクが高い入所者に対する継続的な栄養管理の強化を評価する栄養マネジメント強化加算がある。

Q438
ターミナルケア加算は、死亡日に限り算定できる。

Q439
病状が重篤となった入所者に対し、施設で行った救命救急医療は、介護保険で算定できない。

| A434 | 施設内に安全管理部門を設置し、組織的に安全対策を実施する体制が整備されている場合などには、安全対策体制加算が算定できる。 | ○ |

| A435 | ユニット型では、昼間は1ユニット（夜間は2ユニット）ごとに常時1人以上の介護職員または看護職員を配置しなければならない。 | × |

| A436 | 在宅復帰の可否について少なくとも3か月ごとに検討し、その結果を記録する。 | ○ |

| A437 | 算定できるのは、①管理栄養士を所定の基準で配置、②低栄養状態のリスクが高い入所者に多職種共同で栄養ケア計画を作成、③食事の観察（週3回以上）や栄養状態等を踏まえた食事の調整、④栄養状態等の情報を厚生労働省に提出し、その情報を活用している場合である。 | ○ |

| A438 | ターミナルケア加算は、施設サービス計画に基づき入所者にターミナルケアを行った場合に、死亡日を含め死亡日以前45日を上限として死亡月に算定できる。 | × |

| A439 | 緊急やむを得ない場合に、病状が重篤な入所者に行う救命救急医療や特定治療については、緊急時施設療養費として介護保険で算定できる。 | × |

Q440 介護医療院は、病状が安定期にあり、主に長期にわたり療養が必要である要介護者を入所対象としている。

Q441 市町村は、介護医療院を開設することができる。

Q442 介護医療院は、ターミナルケアや看取りに対応する医療機能は有していない。

Q443 介護医療院は、医療法上は、医療提供施設として位置づけられている。

Q444 介護医療院の療養室は、原則として個室である。

Q445 介護医療院の開設者は、医師以外の者を管理者にすることはできない。

A440 介護医療院の療養床には、Ⅰ型とⅡ型がある。このうち、Ⅰ型の入所対象者は、主として長期にわたり療養が必要である者で、重篤な身体疾患を有する者、身体合併症を有する認知症高齢者等である。　○

A441 介護医療院は、地方公共団体、医療法人、社会福祉法人等が介護保険法上の都道府県知事の開設許可を受けてサービスを提供できる。　○

A442 介護医療院は、日常的に医学的管理が必要な状態である要介護度の高い高齢者の入所を想定し、ターミナルケアや看取りにも対応する医療機能と生活施設としての機能をあわせもつことが特徴である。　✕

A443 介護老人保健施設と同様に、医療法上は医療提供施設として位置づけられている。　○

A444 療養室の定員は4人以下で、1人あたりの床面積は8㎡以上とされている。　✕

A445 介護医療院の開設者は、都道府県知事の承認を受けることで、医師以外の者に介護医療院を管理させることができる。　✕

Point 33 事業者等に設置が規定されている委員会

● 事業者・施設が開催する主な会議・委員会

名称	事業者・施設	内容
運営推進会議	地域密着型サービス（夜間対応型訪問介護、定期巡回・随時対応型訪問介護看護以外）、地域密着型介護予防サービス	おおむね2か月に1回(※1)以上開催し（テレビ電話等の活用も可）、事業所はサービス提供状況などを会議に報告、評価を受けるとともに、必要な要望、助言などを聴く機会を設ける。会議の内容を記録し、公表する。
介護・医療連携推進会議	定期巡回・随時対応型訪問介護看護	内容は運営推進会議と同じ(※2)。
安全・サービス提供管理委員会	療養通所介護	おおむね6か月に1回以上開催。安全・適切なサービス提供のための方策を検討し、検討結果について記録し、その結果を踏まえ、必要に応じて対策を講じる。
感染対策委員会	すべてのサービス事業者・施設(※3)	施設系サービスはおおむね3か月（その他のサービスはおおむね6か月）に1回以上開催し、その結果を従業者に周知徹底。また、指針を整備し、研修および訓練を定期的に実施。
事故防止検討委員会	施設系サービス（介護保険施設、地域密着型介護老人福祉施設入所者生活介護）	介護事故発生の防止や再発防止のための対策を検討し、職員への周知徹底を図る体制を整備する。

※1 （介護予防）認知症対応型通所介護、地域密着型通所介護はおおむね6か月に1回以上、療養通所介護はおおむね12か月に1回以上
※2 開催頻度は、おおむね6か月に1回以上
※3 2024年3月31日までは努力義務（施設系サービスでは従来から設置義務）

福祉サービス分野

この分野では、面接などの対人援助技術、福祉系のサービス、その他の制度についてが3つの柱です。

実務を考えながら覚えることも大切だよ！

1 ソーシャルワーク

Q446
ソーシャルワークの伝統的な方法論には、ケースワーク（個別援助）、グループワーク（集団援助）、コミュニティワーク（地域援助）の3つがある。

Q447
ミクロ・レベルのソーシャルワークは、相談ニーズを抱える個人や家族に対し、相談面接などを通して、生活課題を個別的に解決する方法である。

Q448
ミクロ・レベルのソーシャルワークでは、地域の社会資源を活用することはない。

Q449
メゾ・レベルのソーシャルワークでは、個人の成長・発達よりも、その人が抱えている問題の解決を重要視している。

Q450
介護老人福祉施設の生活相談員によるレクリエーション活動は、メゾ・レベルのソーシャルワークにはあたらない。

Q451
マクロ・レベルのソーシャルワークは、地域社会、組織、国家、制度、地球環境などに働きかけ、それらの社会変革を通して、個人や集団に対するニーズの充足をめざす支援方法である。

Q452
高齢者と家族の孤立化の防止や生活支援のために、地域住民や地域の社会資源を組織化することは、マクロ・レベルのソーシャルワークにあたる。

A446

また、ソーシャルワークを対象範囲などで、①ミクロ（個人・家族）、②メゾ（グループ、地域住民など）、③マクロ（地域社会、国家など）の３つのレベルにわけて整理する方法もある。

○

A447

ミクロ・レベルのソーシャルワークは、居宅介護支援事業所や地域包括支援センター等の相談機関などの相談員らによって実践されている。

○

A448

地域の社会資源を活用し、多職種・多機関連携によるチームアプローチを展開して支援する。

×

A449

人と人との、または人と身近な組織との力動を活用し、個人の成長・発達や抱えている問題の解決をめざすものである。

×

A450

生活相談員によるレクリエーション活動は、参加者を対象とする、メゾ・レベルのソーシャルワークである。

×

A451

近年は、難民問題や地球温暖化などによる環境破壊といった地球規模の課題に対する取り組みも対象となることがある。

○

A452

具体的な支援方法にはこのほか、地域開発、社会資源開発、社会（地域福祉）計画、政策立案、行政への参加や働きかけなどがある。

○

Q453 インテーク面接では、クライエントの主訴と支援機関の機能および役割が合致するかを確認することが重要である。

Q454 相談援助では、クライエントが感情や要求、不満などを自由に表現できるよう、意図的に機会を与える。

Q455 面接において、援助者は自分の感情をコントロールする必要がある。

Q456 面接では、表情やしぐさ、視線などによる非言語的コミュニケーションも重要である。

Q457 援助者は、クライエントに対する先入観をもたないよう、事前に得た情報から予測してはならない。

Q458 クライエントの言葉を反復することは、面接の効率化の観点から、有効とはいえない。

Q459 面接の目標があいまいになった場合などは、「クローズドクエスチョン」を用いるのも有効である。

A453
インテーク面接とは、クライエントが相談に来て最初に行う面接をいう。必要に応じて複数回行われることもある。 ○

A454
感情や要求、不満なども、クライエントのもつ事実のひとつであり、貴重な情報である。 ○

A455
援助者は自分の感情をコントロールして、クライエントの感情に巻き込まれたり、無視したりしないようにする。 ○

A456
また、相手のコミュニケーション能力に応じて、イラスト、写真、文字盤などの多様な表現方法を選択する。 ○

A457
援助者は、事前に得た情報から問題の状況、それに対する心理、近隣や家族との人間関係などを予測し、共感的な姿勢を準備する。 ✕

A458
クライエントの言葉を反復し、その反応を見ることにより、援助者やクライエントが理解した内容を修正していく。 ✕

A459
傾聴による面接では、オープンクエスチョンが望ましいが、目標があいまいになった場合などは、状況に応じてクローズドクエスチョンも有効である。 ○

重要ポイント まとめて CHECK!!

Point 34 高齢者ケアの基本視点

●高齢者ケアにおける「目標」とは

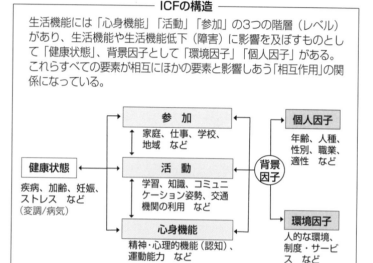

── ICFの構造 ──

生活機能には「心身機能」「活動」「参加」の3つの階層（レベル）があり、生活機能や生活機能低下（障害）に影響を及ぼすものとして「健康状態」、背景因子として「環境因子」「個人因子」がある。これらすべての要素が相互にほかの要素と影響しあう「相互作用」の関係になっている。

高齢者ケアにおける「目標」とは、利用者それぞれにとっての「最も幸せな人生の状態」の具体像です。ケアにおける働きかけとしては、「活動レベルの向上を図る」ことが中心的な位置を占めます。

得点UPのカギ 【活動向上支援】

「する活動」の達成に向けて、「できる活動」と「している活動」に働きかけること。

・「する活動」は、将来実生活で実行している活動。
・「できる活動」は、訓練や評価場面で、できると認められた活動。
・「している活動」は、生活の場で毎日実際に行っている活動。

Point 35 相談面接技術

● 面接における基本姿勢

①基本的人権を尊重する。

②積極的な自立と社会参加への意欲を
　もてるよう援助する。

③クライエントの生活についての全体
　的・総合的認識をもつ。

● 面接の実践原則

個別化	クライエントの個々のニーズに合った対応をする。
意図的な感情表出への配慮	クライエントが自由に感情を表現できるよう、意図的に機会を与える。
非審判的な態度	自分の価値観から相手を一方的に評価しない。
受容と共感	その人のあるがままを受け入れて認める。
統制された情緒的関与	共感的理解を伝える一方、自分の感情をコントロールする。
自己決定の支援	自分の意思で選択し、決定できるよう支援する。
秘密の保持	個人の情報を、本人の承諾なく漏らさない。
専門職としての援助	個人的な興味や感情を交えてはならない。

● コミュニケーションの基本技術・質問のしかた

①予備的共感（準備的共感）、観察、波長合わせなどをしつつ傾聴し、
　話すときは日常的な言葉を用いる。

②しぐさや声の調子など非言語的なコミュニケーションに注意する。

③質問は、相手の答えを引き出すオープンクエスチョンが基本。た
　だし、面接の方向性が定まらなくなったり、クライエントが混乱し
　たりしてきた場合には、あらかじめ用意された答えから選んでもら
　うクローズドクエスチョンも有効。

3 支援困難事例

Q460 サービス提供者側の要因により、支援困難事例が発生することがある。

Q461 支援困難事例は、多機関・多職種によるチームアプローチにより問題を解決していくことが望ましい。

Q462 本人のこれまでの人生観や価値観から、支援困難な事態が発生しているため、援助者は、本人の人生観や価値観を否定することも必要である。

Q463 本人要因として、高齢者に必要な支援を家族が求めないセルフ・ネグレクトがある。

Q464 疾病や障害など身体的・精神的要因の場合は、医療スタッフとの協働や障害者福祉制度、成年後見制度など複数の制度を活用して支援する必要がある。

Q465 ニーズが存在していても、対応する社会資源がない場合には、社会資源の開発が求められる。

A460 支援困難事例は、①本人要因、②社会的要因、③サービス提供者側の要因が、複合的に重なって発生する。 ○

A461 介護保険制度では、地域包括支援センターや行政がかかわり、地域ケア会議で検討するしくみが構築されている。 ○

A462 基本的な対応として、本人の人生や人生観、価値観などについて理解を深め、高齢者への共感的な理解と見守り、助言が必要となる。 ✕

A463 セルフ・ネグレクトとは、高齢者本人が介護・医療サービスなどの必要な支援を求めないことをいう。 ✕

A464 また、判断能力が低下する前に、本人の意思決定を早期から継続的に支援する取り組みが求められる。 ○

A465 家族や親族、近隣におけるインフォーマルな支援の開発、地域ケア会議を活用して地域資源の開発につなげていく方法が考えられる。 ○

4 訪問介護 (1)

Q466 従業者に運営基準を遵守させるための指揮命令は、サービス提供責任者が責任をもって行う。

Q467 訪問介護計画の作成は、介護支援専門員であればサービス提供責任者以外の者も行うことができる。

Q468 生活援助は、一人暮らしか同居している家族が障害や疾病、同様のやむを得ない事情がある場合に利用できる。

Q469 嚥下困難者のための流動食の調理は、生活援助として算定する。

Q470 利用者のできない部分を手伝いながら、調理を一緒に行う援助は、身体介護として算定する。

Q471 持続血糖測定器のセンサー貼り付け・測定値の読み取りなどは医行為にあたるため、訪問介護員が行ってはならない。

Q472 痰の吸引や経管栄養は医行為であるため、訪問介護員が業務として行うことはできない。

事業所の従業者および業務の管理・統括、従業者に運営基準を遵守させるための指揮命令は管理者の責務である。 ✕

A467 訪問介護計画の作成は、サービス提供責任者が行う。サービス提供責任者は、介護福祉士または一定の研修修了者から選出する。 ✕

A468 居宅サービス計画に生活援助中心の訪問介護を位置づける場合には、その理由を居宅サービス計画に記載しなければならない。 ◯

A469 一般的な調理は生活援助として算定するが、流動食や糖尿病食など特段の専門的配慮をもって行われる調理は、身体介護として算定する。 ✕

A470 利用者の自立生活支援・重度化防止のため、安全を確保しつつ常時介助できる状態で見守り的援助を行う場合は、身体介護として算定する。 ◯

A471 持続血糖測定器のセンサー貼り付け・測定値の読み取りなどは原則として医行為ではない行為であるため、訪問介護員が身体介護として行うことができる。 ✕

A472 一定の研修を受けた介護福祉士および介護職員等は、医行為のうち例外的に痰の吸引や経管栄養については、業務として実施できる。 ✕

福祉サービス分野 ◆ 4

| Q473 | 利用者の家族の部屋の掃除は、生活援助の範囲に含まれない。 |

| Q474 | 利用者のペットの世話は、生活援助の範囲に含まれない。 |

| Q475 | 訪問介護員等が、自ら運転する車両での通院介助を行う場合は、「通院等乗降介助」として算定する。 |

| Q476 | 20分未満の身体介護を利用できるのは、要介護3以上の人に限定されている。 |

| Q477 | 事業所と離れた場所にある有料老人ホームに住む利用者に訪問介護を行い、その建物に居住する利用者が1か月に20人以上の場合は、減算となる。 |

| Q478 | サービス提供責任者が主治医と連携し、主治医が必要と認めたときに、居宅サービス計画にない身体介護を緊急に行った場合は加算される。 |

A473 ☐☐☐ 利用者以外の人に対する洗濯、調理、買い物、布団干し、来客の応接、自家用車の洗車・掃除などは、「直接本人の援助に該当しない行為」となり、生活援助の範囲に含まれない。 ○

A474 ☐☐☐ ペットの世話は「日常生活の援助」に該当せず、生活援助の範囲に含まれない。大掃除、植木の剪定等の園芸なども同様である。 ○

A475 ☐☐☐ 一方、公共の交通機関を利用して、通院介助を行う場合は、身体介護として算定する。 ○

A476 ☐☐☐ 20分未満の身体介護は、2時間以上の間隔を空ければ、すべての事業所で要介護度を問わず日中・夜間に算定が可能である。 ✕

A477 ☐☐☐ また、事業所と同一敷地内または隣接敷地内の建物の居住者では、利用人数にかかわらず減算となる。 ○

A478 ☐☐☐ サービス提供責任者が介護支援専門員と連携し、介護支援専門員が必要と認めて計画外の身体介護を緊急に行った場合に、緊急時訪問介護加算が算定される。 ✕

5 訪問入浴介護

Q479 訪問入浴介護では、1回のサービスは、原則として看護職員1人と介護職員2人の計3人で行う。

Q480 訪問入浴介護では、介護職員3人でサービスを提供することは可能だが、介護報酬は減算される。

Q481 要介護者が感染症である場合は、訪問入浴介護を提供することはできない。

Q482 利用者が特定施設入居者生活介護を利用している場合には、訪問入浴介護は提供できない。

Q483 利用者の希望により、通常の事業の実施地域外で、サービスを行った場合の交通費、特別な浴槽水などの費用は別途徴収できる。

Q484 緊急時などの対応のため、協力医療機関は、訪問入浴介護事業の通常の実施地域内にあることが望ましい。

Q485 利用者が訪問入浴介護事業所と同一敷地内の建物に居住している場合、訪問入浴介護は提供できない。

A479 訪問入浴介護では、看護職員1人と介護職員2人のうち、1人はサービス提供の責任者でなくてはならない。 ○

A480 利用者の身体の状況をみて支障がないと認められる場合には、主治医の意見を確認したうえで、介護職員3人でサービスを提供できる。 ○

A481 要介護者が感染症である場合や医療処置を受けている場合でも、医師から説明を受けて適切な処置がされていれば、提供できる。 ✕

A482 このほか、利用者が小規模多機能型居宅介護や短期入所サービスなどを利用している場合も、訪問入浴介護は提供できない。 ○

A483 利用者の希望により提供する特別なサービスについては、1割（または2割か3割）の利用者負担額とは別に徴収することができる。 ○

A484 訪問入浴介護事業者は、利用者の病状が急変した場合など緊急時には、主治医やあらかじめ定めた協力医療機関へすみやかに連絡するなど、必要な措置を行う。 ○

A485 訪問入浴介護事業所と同一敷地内の建物に居住する場合であっても訪問入浴介護を提供することができるが、介護報酬は減算される。 ✕

重要ポイント まとめて CHECK‼

Point 36 訪問介護の内容

サービス内容としては、**身体介護**と家事の援助を行う**生活援助**、生活などに関する**相談・助言**があります。

● 身体介護と生活援助

身体介護	生活援助
● **食事、排泄、入浴**の介助	● **掃除**、ごみ出し、**片づけ**
● 嚥下困難者のための流動食、糖尿病食など**特段の専門的配慮をもって行う調理**	● 一般的な**調理・配下膳**
	● **ベッドメイク**
● 自立生活支援・重度化防止のための**見守り**的援助	● 衣類の**洗濯・補修**
● 身体の**清拭・洗髪・整容**	● **買い物**
● **更衣**の介助	● 薬の受け取り
● **体位変換**	
● **移乗・移動**介助	
● **通院・外出**の介助	
● **就寝・起床**の介助	
● **服薬**介助	

得点UP の カギ

【生活援助の範囲に含まれない行為】

① 直接本人の援助に該当しない行為…利用者以外の人に対する洗濯、調理、買い物、布団干し、主に利用者が使用する居室等以外の掃除、来客の応接、自家用車の洗車・掃除など。

② 日常生活の援助に該当しない行為…草むしり、花木の水やり、ペットの世話、家具の移動、植木の剪定などの園芸、器具の修繕、模様替え、大掃除、窓のガラス磨き、床のワックスがけ、室内外家屋の修理、ペンキ塗り、正月料理など特別な手間をかけて行う調理。

Point 37 介護老人福祉施設

介護老人福祉施設は、老人福祉法に規定された特別養護老人ホーム（入所定員30人以上）で、施設サービス計画に基づき、要介護者（原則として要介護3以上）に対し、**日常生活の世話**や**機能訓練**、**健康管理**、**療養上の世話**を行う施設です。

●介護老人福祉施設の目的

介護老人福祉施設の基本目的は、**在宅介護**が**困難**な**要介護者**に対し、日常生活の援助などの介護サービスを提供して自立を支援し、**生活の安定と心身の状態の**維持・改善を図ることです。

●介護報酬の主な加算・減算

福祉サービス分野

加算	○日常生活継続支援加算　　○個別機能訓練加算 ○常勤専従の医師を配置している場合 ○認知症の入所者が3分の1以上を占める施設において、精神科医師による療養指導が月2回以上行われている場合 ○障害者生活支援体制加算　○初期加算 ○退所時などに相談援助をした場合（退所前訪問相談援助加算、退所後訪問相談援助加算、退所時相談援助加算、退所前連携加算） ○認知症専門ケア加算　　　○栄養マネジメント強化加算 ○療養食加算　　　　　　　○経口移行加算 ○経口維持加算　　　　　　○口腔衛生管理加算 ○準ユニットケア加算　　　○在宅復帰支援機能加算 ○看取り介護加算　　　　　○在宅・入所相互利用加算 ○生活機能向上連携加算　　○再入所時栄養連携加算 ○褥瘡マネジメント加算　　○配置医師緊急時対応加算 ○排せつ支援加算　　など
減算	○夜勤体制未整備の場合 ○入所者数が定員を超える場合や指定基準に定める員数の看護・介護職員、介護支援専門員を配置していない場合 ○身体的拘束等の基準を守っていない場合 ○ユニット型の場合、常勤のユニットリーダーをユニットごとに配置していないなど、ユニットケアにおける体制が未整備である場合

6 通所介護

Q486 家族の休養を目的とした利用はできない。

Q487 通所介護計画は、すべての利用者に対して作成されなければならない。

Q488 改正 通所介護事業者は、地域住民やボランティア団体等との連携・協力を行うなどの地域との交流に努めなければならない。

Q489 通所介護の機能訓練指導員は、理学療法士、作業療法士、言語聴覚士でなくてはならない。

Q490 注目 サービス利用時間が7時間以上となるときは、延長加算を算定できる。

Q491 注目 通常の事業の実施地域内に住む利用者の送迎に要する費用は、通所介護の基本サービス費に含まれる。

Q492 通所介護事業所と同一建物に居住している利用者にサービスを提供する場合は、減算される。

A486 通所介護の目的には、利用者の<u>社会的孤立感</u>の解消や心身機能の維持・向上のほかに、家族の<u>介護負担</u>の<u>軽減</u>を図ることも含まれる。 **✕**

A487 管理者は、事業所に介護支援専門員がいる場合は、介護支援専門員に<u>通所介護計画</u>のとりまとめを行わせるのが望ましい。 **○**

A488 利用者の地域における<u>社会参加</u>活動や地域住民との<u>交流</u>を促進する観点から、2021年度の指定基準の改正で盛り込まれた。 **○**

A489 通所介護の<u>機能訓練指導員</u>にはこのほか、看護職員、柔道整復師なども含まれる。 **✕**

A490 ８時間以上９時間未満のサービスの前後に日常生活上の世話をし、その合計が<u>９時間以上</u>となる場合、<u>５</u>時間の延長を限度として<u>延長加算</u>を算定できる。 **✕**

A491 なお、送迎時に実施した<u>居宅</u>内での<u>介助</u>等（着替え、戸締まりなど）は、一定の要件を満たせば、１日<u>30分</u>以内を限度に通所介護の所要時間に含めることができる。 **○**

A492 通所介護事業所と<u>同一建物</u>に居住している利用者、または<u>同一建物</u>から通う利用者にサービスを提供する場合は減算される。 **○**

福祉サービス分野 ◆ 6

7 短期入所生活介護

Q493
短期入所生活介護事業所の類型として①単独型、②併設型、③空床利用型がある。

Q494
短期入所生活介護は、介護者の冠婚葬祭などの理由で利用することは可能であるが、家族旅行といった理由では利用できない。

Q495
短期入所生活介護の利用者全員に対して、短期入所生活介護計画を作成しなければならない。

Q496
短期入所生活介護では、どのような場合でも、居室以外の静養室でサービスを実施することはできない。

Q497
短期入所生活介護では、緊急やむを得ない場合を除いて、身体的拘束その他利用者の行動を制限する行為を行うことは禁止されている。

Q498
認知症行動・心理症状緊急対応加算は、緊急短期入所受入加算と同時に算定することができる。

Q499
介護予防短期入所生活介護計画は、おおむね7日以上の連続利用が予定される利用者について作成されなければならない。

| A493 | ①単独型の利用定員は20人以上、②併設型および③空床利用型では20人未満でもよいとされている。 | ○ |

短期入所生活介護は、社会的理由（介護者の疾病、冠婚葬祭、出張など）のほか、私的理由（介護者の休養、旅行など）でも利用できる。

A494 ×

短期入所生活介護計画は、利用期間が継続しておおむね4日以上になる利用者について作成しなければならない。

A495 ×

介護支援専門員が緊急利用が必要と認めた場合は、一定の条件下で、居室以外の静養室での定員数以上の受け入れが可能である。

A496 ×

緊急やむを得ず身体的拘束などを行う場合は、その態様、時間、利用者の心身の状況と緊急やむを得なかった理由などを記録する。

A497 ○

緊急短期入所受入加算との同時算定はできない。また、若年性認知症利用者受入加算との同時算定もできない。

A498 ×

介護予防短期入所生活介護計画は、おおむね4日以上の連続利用が予定される利用者に作成されなければならない。

A499 ×

Q500 特定施設入居者生活介護の指定対象となるのは、有料老人ホームと軽費老人ホームのみである。

Q501 特定施設サービス計画の原案は、利用者または家族に説明し、文書による同意を得て利用者に交付しなければならない。

Q502 特定施設入居者生活介護を利用していても、同時に福祉用具貸与を利用することができる。

Q503 特定入居者生活介護事業者は、利用者の病状の急変などに備え、あらかじめ協力医療機関を定めておかなければならない。

Q504 特定施設の入居者は、特定施設入居者生活介護を受けずに、ほかの介護サービスを利用することもできる。

Q505 外部サービス利用型特定施設入居者生活介護では、特定施設サービス計画の作成は、契約した外部のサービス事業者などが行う。

注目

Q506 特定施設入居者生活介護では、利用者の希望により提供される介護そのほかの日常生活上の費用は、別途徴収できない。

A500 特定施設入居者生活介護の指定対象となるのは、有料老人ホーム、軽費老人ホーム、<u>養護老人ホーム</u>である。

A501 特定施設入居者生活介護では、サービス内容の説明と契約の締結も、必ず<u>文書</u>により行うことが義務づけられている。

A502 特定施設入居者生活介護(短期利用以外)は、同時に<u>居宅療養管理指導</u>を除く居宅サービス、地域密着型サービス、居宅介護支援は算定できない。

A503 特定入居者生活介護事業者は、利用者の病状の急変などに備え、あらかじめ協力<u>歯科</u>医療機関も定めておくよう<u>努め</u>なければならない。

A504 事業者は、入居者がほかの居宅サービスなどを利用することを<u>妨げてはならない</u>とされている。

A505 特定施設サービス計画の作成、安否確認などの基本サービスは<u>特定施設</u>の従業者が行う。

A506 <u>おむつ代</u>や、利用者の希望による<u>介護</u>そのほかの<u>日常生活上</u>の便宜に要する費用は、1割(または2割か3割)負担とは別に利用者から徴収できる。

9 福祉用具、住宅改修

Q507 福祉用具貸与事業所には、福祉用具専門相談員を常勤換算で2人以上配置しなければならない。

Q508 特定福祉用具販売では、個別サービス計画は作成されない。

Q509 福祉用具購入費支給限度基準額は、要介護状態区分別に設定されている。

Q510 工事を伴うスロープは、福祉用具貸与の給付対象である。

Q511 ポータブルトイレは、水洗式のものも含めて、腰掛便座として特定福祉用具販売の給付対象である。

Q512 要介護1から要介護4になった場合は、再度支給限度基準額まで住宅改修費の支給を受けることができる。

Q513 昇降機やリフト、段差解消機など動力により段差を解消する機器の設置工事の費用は、住宅改修の対象とはならない。

A507 特定福祉用具販売事業所にも、福祉用具専門相談員が常勤換算で2人以上必要である。 ○

A508 特定福祉用具販売事業所では、福祉用具専門相談員により特定福祉用具販売計画が作成される。 ✕

A509 福祉用具購入費支給限度基準額は、要介護状態区分等にかかわらず、同一年度で10万円と設定されている。 ✕

A510 工事を伴わないスロープが、福祉用具貸与の給付対象である。手すりも同様で、工事を伴わないものが、給付対象となる。 ✕

A511 水洗式のポータブルトイレは、2015年度から特定福祉用具販売の給付対象となっている。 ○

A512 同一住宅で20万円の支給限度基準額が設定され、同一住宅でも介護の必要の程度が3段階以上高くなった場合は、再度給付を受けられる。 ○

A513 段差解消機は、移動用リフトとして福祉用具貸与の対象となる。 ○

重要ポイント まとめて CHECK‼

Point 38 福祉用具

● 福祉用具貸与

○車いす（※）

○車いす付属品（※）

○特殊寝台（※）

○特殊寝台付属品（※）

○床ずれ防止用具（※）

○体位変換器（※）

○自動排泄処理装置（※2）

○手すり

○スロープ

○歩行器

○歩行補助杖

○認知症老人徘徊感知機器（※）

○移動用リフト（※）
（つり具の部分を除く）

※については、要介護1の人と、要支援者には給付制限がある。
※2については、要介護1～3の人と、要支援者には給付制限がある。

● 特定福祉用具販売

給付を受けるためには、**指定特定福祉用具販売事業者**から特定福祉用具を購入後、領収証などを添付した**支給申請書を市町村の窓口に提出**する必要があります。

○腰掛便座

○自動排泄処理装置の交換可能部品

○排泄予測支援機器

○入浴補助用具

○簡易浴槽

○移動用リフトのつり具

Point39 住宅改修

給付を受けるためには、**市町村への申請**が必要です。

住宅改修について介護支援専門員などに相談

⬇

申請書類または書類の一部の提出
提出書類／支給申請書、住宅改修が必要な理由書、工事費見積もり書、住宅改修後の完成予定の状態がわかるもの（写真または簡単な図など）、住宅の所有者の承諾書（利用者が住宅改修を行う住宅の所有者ではない場合）。

⬇ 市町村の確認

施工～完成

⬇

住宅改修費の支給申請
提出書類／住宅改修に要した費用にかかる領収書、工事費内訳書、住宅改修の完成後の状態を確認できる書類（各個所の改修前、改修後それぞれの写真。原則として撮影日がわかるもの）。

⬇ 市町村の決定

住宅改修費の支給

得点UPのカギ　理由書は、基本的に居宅介護支援事業または介護予防支援事業の一環として作成されます。

① **手すりの取りつけ** … 廊下、便所、浴室、玄関、玄関から道路までの通路など

② **段差の解消** … 居室、廊下、便所など各室間の床や、玄関から道路までの通路などの段差解消、傾斜の解消

③ **床または通路面の材料の変更** … 各室の床や、玄関から道路までの通路に使用している材料の変更

④ **引き戸などへの扉の取り替え** … 開き戸から引き戸や折れ戸などへ取り替えなど

⑤ **洋式便器などへの取り替え** … 和式便器から洋式便器（暖房便座、洗浄機能付きを含む）へ、便器の位置・向きの変更

⑥ **①～⑤の改修に伴うもの** … 各改修工事に伴う、壁の下地補強や給排水設備工事など

10 小規模多機能型居宅介護

Q514 小規模多機能型居宅介護事業所(サテライト型事業所を除く)の1か所の登録定員は、29人以下としなければならない。

Q515 利用者は、小規模多機能型居宅介護事業所を2か所まで登録することができる。

Q516 小規模多機能型居宅介護事業所は、常勤の介護支援専門員を1人以上配置しなければならない。

Q517 小規模多機能型居宅介護事業所に登録した利用者に対して、その事業所の介護支援専門員が居宅サービス計画を作成する。

Q518 小規模多機能型居宅介護を利用している間は、特定福祉用具販売と住宅改修以外のサービスを利用することができない。

Q519 小規模多機能型居宅介護事業者は、運営推進会議を設置し、おおむね2か月に1回以上、活動状況を報告し、評価を受けなければならない。

Q520 小規模多機能型居宅介護では、登録者以外の者が短期に宿泊することは認められていない。

A514 また、通いサービスの利用者が登録定員に比べて著しく少ない状態（登録定員の3分の1以下が目安）が続いてはならない。 ○

A515 利用者は1か所の事業所にかぎって登録することができる。 ×

A516 介護支援専門員は非常勤でも差しつかえない。また、管理者との兼務も可能である。 ×

A517 事業所の介護支援専門員が利用登録者の居宅サービス計画を作成し、さらに小規模多機能型居宅介護計画も作成する。 ○

A518 訪問看護、訪問リハビリテーション、居宅療養管理指導、福祉用具貸与も、小規模多機能型居宅介護と同時に算定できる。 ×

A519 運営推進会議は、利用者や家族、市町村や地域包括支援センターの職員、地域住民の代表者などで構成される。 ○

A520 （介護予防）小規模多機能型居宅介護、看護小規模多機能型居宅介護では、登録者以外の緊急時の短期利用（原則7日以内）が可能である。 ×

改正

Q521 認知症対応型共同生活介護事業所では、複数の共同生活住居を設けることはできない。

Q522 共同生活住居の入居定員は、5人以上9人以下である。

注目

Q523 認知症対応型共同生活介護では、利用者が費用を負担すれば、ほかの事業所による居宅サービスを利用させることができる。

Q524 認知症対応型共同生活介護計画には、施設のサービス以外のサービスを盛り込んではならない。

Q525 共同生活住居の管理者は、3年以上認知症ケアに従事した経験があり、厚生労働大臣の定める研修を修了している者である。

Q526 食事そのほかの家事などは、可能なかぎり利用者と介護従業者が共同で行うよう努める。

Q527 認知症対応型共同生活介護事業者は、自らのサービス評価を定期的に行っていれば、外部の者の評価を受ける必要はない。

A521 共同生活住居（ユニット）は、<u>3</u>つまで設けることができる。なお、計画作成担当者の配置は、2021年度より<u>事業所</u>ごとに1人以上となり、2人以上いる場合は、そのうち1人を<u>介護支援専門員</u>とすることとなった。

×

A522 居室は<u>個室</u>が原則だが、利用者の処遇上必要な場合は2人部屋にすることができる。

○

A523 利用者の負担により、施設の<u>介護従業者</u>以外の者に介護をさせてはならない。<u>事業者</u>の負担であれば、通所介護などを利用させることは可能。

×

A524 <u>計画作成担当者</u>は計画の作成にあたり、<u>通所介護</u>などの活用、地域活動への参加機会の提供などにより、多様な活動の確保に努める。

×

A525 認知症対応型共同生活介護では、共同生活住居ごとに、管理者のほか<u>介護従業者</u>が配置される。

○

A526 また、必要な<u>行政機関</u>に対する手続きを利用者や家族が行うことが困難な場合、利用者の同意を得て、事業者が代行しなければならない。

○

A527 認知症対応型共同生活介護事業者は、自らのサービス評価に加え、定期的に<u>外部</u>の者の評価を受け、その結果を<u>公表</u>しなければならない。

×

209

Q528	理学療法士は、夜間対応型訪問介護事業所のオペレーターになることができる。

Q529	夜間対応型訪問介護の利用者の心身の状況から、随時通報に支障がなければ、ケアコール端末を配布しないこともできる。

Q530	夜間対応型訪問介護では、オペレーションセンター従業者は、利用者の面接および6か月に1回程度の利用者の居宅への訪問を行う。

Q531	地域密着型通所介護とは、利用定員が18人以下の小規模な通所介護事業所で提供されるサービスである。

Q532	療養通所介護の対象となるのは、要介護者のうち難病などにより重度の介護を要する人、またはがん末期の人である。

Q533	療養通所介護計画は、訪問看護計画の内容とも整合性を図る必要がある。

Q534	療養通所介護事業所の管理者は、介護支援専門員である。

A528 オペレーターは、<u>看護師</u>、准看護師、介護福祉士、医師、保健師、社会福祉士、<u>介護支援専門員</u>のいずれかである。

A529 利用者が適切に随時通報ができれば、ケアコール端末などの代わりに利用者の<u>家庭用電話</u>や<u>携帯電話</u>で通報させても差しつかえない。

A530 夜間対応型訪問介護の利用者の居宅への訪問は、オペレーションセンター従業者が、<u>1</u>か月から<u>3</u>か月に1回程度行う。

A531 利用定員が<u>19</u>人以上の場合は、居宅サービスの通所介護となる。

A532 療養通所介護は、地域密着型通所介護のひとつで、重度要介護者やがん末期の人を対象とする。

A533 療養通所介護計画は、居宅サービス計画の内容に沿うとともに、<u>訪問看護計画</u>の内容とも整合性を図る必要がある。

A534 療養通所介護事業所の管理者は、常勤専従の<u>看護師</u>である。

12 その他の地域密着型サービス（2）

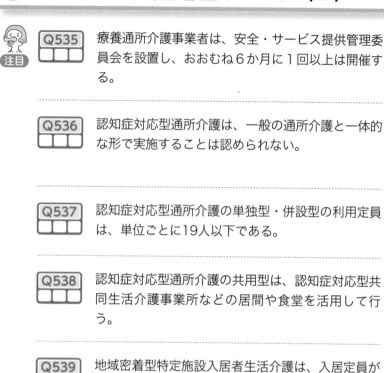

注目

Q535 療養通所介護事業者は、安全・サービス提供管理委員会を設置し、おおむね6か月に1回以上は開催する。

Q536 認知症対応型通所介護は、一般の通所介護と一体的な形で実施することは認められない。

Q537 認知症対応型通所介護の単独型・併設型の利用定員は、単位ごとに19人以下である。

Q538 認知症対応型通所介護の共用型は、認知症対応型共同生活介護事業所などの居間や食堂を活用して行う。

Q539 地域密着型特定施設入居者生活介護は、入居定員が29人以下の介護専用型特定施設に入居している要介護者を対象に行う。

Q540 地域密着型介護老人福祉施設入所者生活介護の設置形態として、サテライト型が認められている。

| A535 | また、運営推進会議も設置し、おおむね12か月に1回以上（地域密着型通所介護事業者では、おおむね6か月に1回以上）開催する。 | ○ |

| A536 | 認知症対応型通所介護を一般の通所介護と同じ事業所で同一の時間帯に行う場合には、空間を明確に区別することが必要である。 | ○ |

| A537 | 認知症対応型通所介護の単独型・併設型の利用定員は、単位ごとに12人以下とされている。 | ✕ |

| A538 | 共用型は、地域密着型特定施設や地域密着型介護老人福祉施設の食堂や共同生活室においても行われる。 | ○ |

| A539 | 介護専用型特定施設とは、入居者が要介護者とその配偶者もしくは三親等以内の親族などにかぎられる特定施設である。 | ○ |

| A540 | 地域密着型介護老人福祉施設入所者生活介護の設置形態には、サテライト型、単独型、居宅サービス事業所などに併設されている併設型がある。 | ○ |

重要ポイント まとめて CHECK!!

Point40 介護保険の福祉サービス

介護保険における福祉サービスのうち、居宅サービスには、次の種類があります。

訪問介護 ★	介護福祉士などが要介護者の居宅を訪問して、入浴、排泄、食事などの介護、その他の日常生活上の世話を行う。
訪問入浴介護 ★	要介護者の居宅を訪問し、浴槽を提供して入浴の介護を行う。
通所介護 ★	要介護者に老人デイサービスセンターなどに通ってきてもらい、入浴、排泄、食事などの介護、その他の日常生活上の世話や機能訓練などを行う（定員19人以上のものにかぎる）。
短期入所生活介護 ★	要介護者に老人短期入所施設や特別養護老人ホームなどに短期間入所してもらい、入浴、排泄、食事などの介護、その他の日常生活上の世話や機能訓練を行う。
特定施設入居者生活介護	特定施設に入居している要介護者に、特定施設サービス計画に基づき、入浴、排泄、食事などの介護、その他の日常生活上の世話、機能訓練、療養上の世話を行う。
福祉用具貸与 ★	居宅の要介護者に対し、福祉用具（日常生活上の便宜を図り、機能訓練や自立を支援するためのもの）を貸与する。
特定福祉用具販売	居宅の要介護者に対し、特定福祉用具（日常生活上の便宜を図り、自立を支援する目的の入浴、排泄などの用具）を販売する。

上記のうち、星印（★）がついているサービスは、**基準該当のサービスが認められています**。

Point 41 地域密着型サービス

地域密着型サービスは、高齢者が中重度の要介護状態になっても可能なかぎり住み慣れた自宅・地域で生活を維持できるよう、高齢者に身近な市町村がサービスを提供するものです。2012（平成24）年度から2つ、2016（平成28）年度から1つサービスが追加されました。利用者の日常生活圏内にサービス提供の拠点を置き、24時間体制で利用者を支えます。

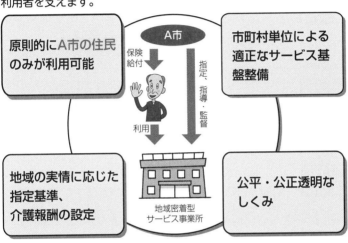

原則的にA市の住民のみが利用可能

市町村単位による適正なサービス基盤整備

保険給付

A市

指定、指導・監督

利用

地域の実情に応じた指定基準、介護報酬の設定

公平・公正透明なしくみ

地域密着型サービス事業所

地域密着型サービス
①定期巡回・随時対応型訪問介護看護　②夜間対応型訪問介護
③地域密着型通所介護　④認知症対応型通所介護
⑤小規模多機能型居宅介護
⑥認知症対応型共同生活介護（グループホーム）
⑦看護小規模多機能型居宅介護（複合型サービス）
⑧地域密着型特定施設入居者生活介護
　（小規模〔定員29人以下〕の介護専用型特定施設）
⑨地域密着型介護老人福祉施設入所者生活介護
　（小規模〔定員29人以下〕介護老人福祉施設）

得点UPのカギ　【地域密着型介護予防サービス】
介護予防小規模多機能型居宅介護、介護予防認知症対応型共同生活介護、介護予防認知症対応型通所介護の**3つ**。

Q541 介護老人福祉施設では、入所者100人未満でも、常勤の介護支援専門員を1人以上配置しなければならない。

Q542 入所定員が40人を超えない介護老人福祉施設では、他施設の栄養士または管理栄養士との連携があれば、栄養士または管理栄養士を配置しなくてもよい。

Q543 利用者からの要望があれば、入所定員を超えてサービスを提供することができる。

Q544 ユニット型では、1ユニットの入居定員はおおむね5人以下で、居室は原則として個室とされている。

Q545 ユニット型では、夜勤の介護職員または看護職員を2ユニットごとに1人以上配置することとされている。

Q546 精神上著しい障害があるために在宅介護が困難である要介護3の者は、介護老人福祉施設の入所対象となる。

Q547 入所者が医療機関に入院し、およそ6か月以内に退院が見込める場合は、退院後に施設へ円滑に再入所できるようにする。

A541 入所者が100人未満の施設でも、常勤の介護支援専門員が1人以上必要となる。増員した介護支援専門員については非常勤も可能である。 ○

A542 栄養士または管理栄養士は、入所定員が40人を超える場合に、1人以上配置しなければならない。 ○

A543 災害、虐待その他のやむを得ない事情がある場合を除き、入所定員を超えてサービスを提供することはできない。 ✕

A544 ユニット型は、居室(原則個室)と共同生活室によって一体的に構成され、1ユニットの入居定員は、原則としておおむね10人以下とし、15人を超えない人数とされている。 ✕

A545 昼間の場合は、ユニットごとに、常時1人以上の介護職員または看護職員が必要で、ユニットごとに常勤のユニットリーダーを配置する。 ○

A546 入所対象は、身体上または精神上著しい障害があるために在宅介護が困難で、常に介護が必要な40歳以上の要介護者(原則要介護3以上)。 ○

A547 入院した入所者の退院がおよそ3か月以内に見込める場合は、退院後に施設へ円滑に再入所できるようにする。 ✕

Q548 介護老人福祉施設は、入所者が入院した場合は、その空床を短期入所生活介護に利用することができる。

Q549 入所者や家族が行政手続きなどを行うことが困難な場合には、あらかじめ本人や家族の同意を得て代行しなければならない。

Q550 事故が起きた場合の状況や処置の記録は、管理者が行う。

改正

Q551 介護老人福祉施設では、指定基準の改正により2021年度から、栄養ケア・マネジメントと口腔衛生管理体制を基本サービスで行うことになった。

Q552 入院治療を必要とする入所者のため、協力病院を定めておかなければならない。

Q553 介護老人福祉施設の介護報酬には、障害者の生活支援にかかわるものがある。

A548 ○

空床の<u>短期入所生活介護</u>への利用は、退院した入所者が円滑に再入所できるよう、<u>計画的</u>に行う必要がある。

A549 ○

特に金銭の管理などを代行する場合には、あらかじめ<u>文書</u>により本人や家族の<u>同意</u>を得ておく必要がある。

A550 ✕

事故の状況や処置の<u>記録</u>は、<u>計画担当介護支援専門員</u>が行う。事故が起きた場合、すぐに<u>市町村</u>や<u>家族</u>などに連絡する必要がある。

A551 ○

これに伴い、栄養マネジメント加算と口腔衛生管理体制加算は<u>廃止</u>され、栄養ケア・マネジメントを行っていない場合は<u>減算</u>される。

A552 ○

介護老人福祉施設には、協力<u>歯科医療機関</u>も定めておくよう努める。

A553 ○

視覚障害者等が合計<u>15人</u>以上または視覚障害者等の入所者の占める割合が30％以上（Ⅱは50％以上）の施設で、常勤専従の<u>障害者生活支援員</u>を一定数以上配置している場合などに、<u>障害者生活支援体制</u>加算（Ⅰ、Ⅱ）が算定できる。

14 社会資源の導入・調整

Q554
フォーマルサービスは、民間法人やNPOが提供主体となることもある。

Q555
家族や友人による支援は、すべてインフォーマルサポートにあたる。

Q556
フォーマルサービスには、専門性が高いという長所がある。

Q557
インフォーマルサポートは、柔軟な対応が可能であり、利用者の生活の質を高めると同時に、情緒面からも大きな力になるという長所がある。

Q558
要介護者等の家族や親戚のことを、社会資源と対比させて、内的資源と呼ぶ。

Q559
介護支援専門員は、社会資源をうまくコーディネートして、利用者自身の能力や資産、意欲などをなるべく活用しないようにする。

A554 フォーマルサービスとは、各種公的サービス（保険給付・行政のサービスなど）を指し、提供主体には民間法人やNPOも含まれる。

A555 インフォーマルサポートとは、家族、親戚、友人、ボランティア、近隣支援などを指す。

A556 フォーマルサービスには、専門性が高いという長所の一方、サービスが画一的になりやすいという短所がある。

A557 インフォーマルサポートには柔軟な対応が可能という長所の一方、専門性が低い、安定した供給が難しいという短所がある。

A558 内的資源とは、利用者自身の能力、資産、意欲などを、社会資源と対比させた呼び方である。

A559 介護支援専門員は、社会資源のほかに、利用者自身の能力や資産、意欲（内的資源）などを活用できるよう支援する。

15 障害者福祉制度

Q560 障害者総合支援法による給付は、難病患者等を対象としていない。

Q561 日常生活用具給付等事業は、地域生活支援事業において市町村が行う必須事業である。

Q562 補装具は、現物給付である。

Q563 自立支援給付にかかる費用は、国、都道府県、市町村にそれぞれ負担義務がある。

Q564 利用者負担は、利用料の1割を負担する応益負担が原則となっている。

Q565 自立支援給付を希望する障害者等は、都道府県に申請する。

Q566 制度改正により2024年4月から、基幹相談支援センターの設置が義務づけられた。

A560 障害者総合支援法の利用対象者には、身体障害者、知的障害者、精神障害者（発達障害者を含む）のほか、難病患者等も含まれる。

A561 必須事業には、相談支援事業、成年後見制度利用支援事業、手話通訳者や要約筆記者の派遣などを行う意思疎通支援事業などもある。 ○

A562 障害者総合支援法に基づく補装具費は、購入および修理、または貸与に要した費用を現金で支給するものである。

A563 一方、地域生活支援事業については、国や都道府県が予算の範囲内で補助するとされ、義務的負担はない。 ○

A564 利用者負担は、サービス費用の1割を上限として、所得に応じて1か月ごとの負担上限額が定められている。 ×

A565 自立支援給付を希望する障害者等は、市町村に申請する。市町村は、申請者にサービス等利用計画案の提出を求め、サービス等利用計画案や勘案すべき事項などを踏まえて支給決定をする。

A566 基幹相談支援センターの設置は、義務ではなく、努力義務である。

Q567 生活保護は、原則として、世帯を単位に支給の要否や程度の決定がされる。

Q568 日本に在留している外国人は、生活に困窮しても生活保護は受けられない。

Q569 生活保護の住宅扶助は、補修に必要な費用は給付されない。

Q570 医療扶助は、原則として指定医療機関に委託して行われ、現物給付を基本としている。

Q571 介護保険の被保険者でない生活保護受給者（被保護者）に対し、障害者施策が適用される場合は、障害者施策が優先する。

Q572 介護保険施設に入所している被保護者の日常生活費は、介護扶助から給付される。

Q573 生活保護を受給している介護保険の被保険者が、短期入所生活介護を利用した場合、食費は介護扶助から支払われる。

A567
また、生活保護は、原則として保護の申請により手続きが行われる。なお、急迫した状況にある場合は、申請がなくても保護を行える。 ○

A568
日本に在留している外国人のうち、永住者、日本人の配偶者であるなどの場合は、有効な在留カード等を申請時に呈示することで、生活保護の取扱いに準じて必要な保護が受けられる。 ✕

A569
生活保護の住宅扶助は、住宅の確保や補修に必要な費用が金銭給付される。 ✕

A570
医療の必要がある被保護者に対しては、医療券が発行され、被保護者が指定医療機関に医療券を提出することにより、現物給付が行われる。 ○

A571
生活保護には、保護の補足性の原理がある。他法による施策が優先して適用され、不足する分に対して生活保護が適用される。 ○

A572
「介護施設入所者基本生活費」として、生活扶助から給付される。介護保険施設の食費・居住費は介護扶助から給付される。 ✕

A573
生活保護を受給している被保険者が短期入所生活介護を利用した場合、食費に介護扶助の給付はなく、負担限度額までが自己負担となる。 ✕

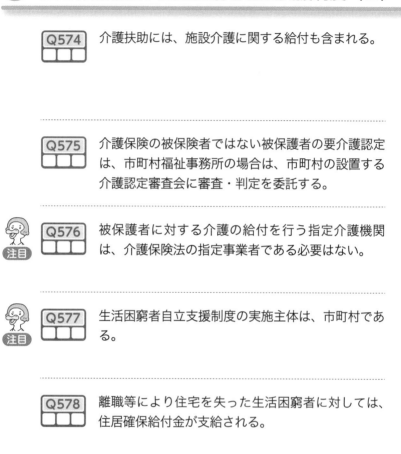

Q574 介護扶助には、施設介護に関する給付も含まれる。

Q575 介護保険の被保険者ではない被保護者の要介護認定は、市町村福祉事務所の場合は、市町村の設置する介護認定審査会に審査・判定を委託する。

Q576 被保護者に対する介護の給付を行う指定介護機関は、介護保険法の指定事業者である必要はない。

Q577 生活困窮者自立支援制度の実施主体は、市町村である。

Q578 離職等により住宅を失った生活困窮者に対しては、住居確保給付金が支給される。

Q579 実施主体は、就労準備支援事業と家計改善支援事業を実施するよう努めなければならない。

A574 介護扶助の範囲は、居宅介護、福祉用具、住宅改修、施設介護、介護予防、介護予防福祉用具、介護予防住宅改修、介護予防・日常生活支援、移送である。　　○

A575 生活保護制度で要介護認定を行う場合には、郡部福祉事務所は、その所管区域内の町村長と委託契約を締結する。　　○

A576 被保護者に対する介護の給付は、介護保険法の指定を受け、なおかつ生活保護法の指定を受けた指定介護機関に委託して行われる。　　✕

A577 生活困窮者自立支援制度の実施主体は、都道府県、市および福祉事務所を設置する町村である。　　✕

A578 離職等により住宅を失った、またはそのおそれが高い生活困窮者に対しては、家賃相当額の住居確保給付金（原則3か月）が支給される。　　○

A579 生活困窮者に対する包括的な支援体制を強化するため、就労準備支援事業と家計改善支援事業は、自立相談支援事業と一体的な実施が促進されている。　　○

重要ポイント まとめて
CHECK !!

Point 42 生活保護と介護保険の関係

生活保護法には、補足性の原理があり、資産や働く能力のすべてを活用しても、最低限度の生活が維持できない場合に行われます。ほかの法律による扶助などが、常に生活保護法の扶助よりも優先します。

● 介護保険制度への生活保護制度の対応

	65歳以上の被保護者	40歳以上64歳以下の被保護者	
		医療保険加入	医療保険未加入
	介護保険の被保険者		介護保険の被保険者とならない
利用者負担	介護扶助（1割）※9割は保険給付		介護扶助（10割）
施設サービスの食費	負担限度額まで介護扶助※超えた分は介護保険の補足給付の対象		介護扶助
施設サービスの日常生活費	生活扶助（介護施設入所者基本生活費）		生活扶助（介護施設入所者基本生活費）
施設サービス、短期入所サービスの居住費・滞在費	多床室利用が原則で、全額が介護保険（特定入所者介護サービス費等）		多床室利用が原則で、全額が介護扶助
短期入所サービス、通所サービスの食費	自己負担※短期入所サービスでは、負担限度額を超えた分は介護保険の補足給付の対象		自己負担※短期入所サービスでは負担限度額を超えた分は介護扶助の対象
介護保険の保険料	生活扶助	勤労収入から控除	────

Point43 障害者福祉制度

● 障害者総合支援法の概要

2012（平成24）年6月に、障害者自立支援法の一部を改正した「障害者の日常生活及び社会生活を総合的に支援するための法律」（障害者総合支援法）が成立しました。

障害者総合支援法に基づく障害者福祉制度は、**実施主体を市町村として**、主に以下の事業を行います。

<table>
<tr><td rowspan="4">自立支援給付</td><td>介護給付</td><td>居宅介護、施設入所支援など介護の支援に関する給付</td></tr>
<tr><td>訓練等給付</td><td>自立訓練、就労移行支援、共同生活援助など、訓練などの支援に関する給付</td></tr>
<tr><td>自立支援医療</td><td>更生医療、育成医療、精神通院医療</td></tr>
<tr><td>補装具</td><td>補装具の購入または修理に要した費用の支給</td></tr>
<tr><td>地域生活支援事業</td><td colspan="2">理解促進研修・啓発事業、相談支援事業、成年後見制度利用支援事業、意思疎通支援事業、日常生活用具給付等事業、移動支援事業、手話奉仕員養成研修事業など</td></tr>
</table>

● 障害者総合支援法の要旨

① 「自立」の代わりに「基本的人権を享有する個人としての尊厳」を明記した目的規定の改正
② 共生社会の実現、社会的障壁の除去などを掲げた基本理念の創設
③ 障害者（児）の範囲に難病患者等を追加
④ 障害程度区分から、障害支援区分への名称と内容変更
⑤ 地域生活支援事業の事業内容追加
⑥ 重度訪問介護の対象者拡大、共同生活介護（ケアホーム）の共同生活援助（グループホーム）への一元化
　※①～③、⑤は2013年4月施行。④、⑥は2014年4月施行。

得点UPのカギ 【2022年の改正事項】
①共同生活援助の内容に、一人暮らし等を希望する人への支援や退居後の定着のための相談等の支援を追加
②基幹相談支援センターや地域生活支援拠点等の整備を市町村の努力義務に（地域生活支援事業）
③就労選択支援の創設など
※①、②は2024年4月施行、③は公布後3年以内の政令で定める日

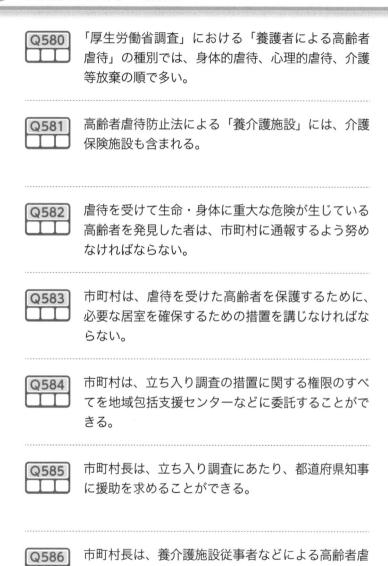

Q580
「厚生労働省調査」における「養護者による高齢者虐待」の種別では、身体的虐待、心理的虐待、介護等放棄の順で多い。

Q581
高齢者虐待防止法による「養介護施設」には、介護保険施設も含まれる。

Q582
虐待を受けて生命・身体に重大な危険が生じている高齢者を発見した者は、市町村に通報するよう努めなければならない。

Q583
市町村は、虐待を受けた高齢者を保護するために、必要な居室を確保するための措置を講じなければならない。

Q584
市町村は、立ち入り調査の措置に関する権限のすべてを地域包括支援センターなどに委託することができる。

Q585
市町村長は、立ち入り調査にあたり、都道府県知事に援助を求めることができる。

Q586
市町村長は、養介護施設従事者などによる高齢者虐待の状況や、その場合にとった措置などについて公表しなくてはならない。

「養介護施設従事者等による高齢者虐待」の種別でも、「身体的虐待」が最も多く、次いで「心理的虐待」「介護等放棄」となっている。 ○

養介護施設とは、老人福祉法上の老人福祉施設、有料老人ホーム、介護保険法上の介護保険施設、地域包括支援センターなどをいう。 ○

虐待により、高齢者の生命・身体に重大な危険が生じている場合は、すみやかに市町村に通報する義務がある。 ×

また、市町村は、高齢者を一時的に保護するために、老人短期入所施設などに入所させるなどの適切な老人福祉法上の措置をとる。 ○

権限は委託できないが、高齢者の自宅等に立ち入り、必要な調査、質問を地域包括支援センターなどの職員にさせることはできる。 ×

市町村長は、立ち入り調査などにあたり、その高齢者の所在地を管轄する警察署長に援助を求めることができる。 ×

高齢者虐待の状況やとった措置については、都道府県知事が毎年度、公表しなくてはならない。 ×

Q587 法定後見制度では、後見開始等の審判の請求（申し立て）は、本人、配偶者、四親等内の親族のみに認められている。

Q588 成年後見人は、本人の居住用の不動産の処分を家庭裁判所の許可なく行うことができる。

Q589 任意後見制度では、本人の申し立てに基づき、家庭裁判所が、任意後見人となる人と後見事務の内容を決めておく。

Q590 成年後見人等の担い手は、親族、有資格者などの専門職のほか、一般市民が担うこともできる。

Q591 日常生活自立支援事業は、判断能力が不十分な人に対して、福祉サービスの利用援助などを行う制度である。

Q592 日常生活自立支援事業の実施主体は市区町村社会福祉協議会で、都道府県・指定都市社会福祉協議会に事業の一部を委託することができる。

Q593 日常生活自立支援事業では、生活支援員が配置され、支援計画の策定や利用契約の締結などを行う。

A587 本人・配偶者・四親等内の親族のほか、検察官や市町村長などによる法定後見制度の申し立ても認められる。

A588 成年後見人は代理権をもつが、本人の居住用の不動産を処分する場合は、家庭裁判所の許可が必要である。

A589 任意後見制度では、本人と任意後見人になる人（任意後見受任者）とが、公正証書により任意後見契約をする。

A590 一般市民が成年後見人等の担い手となることを市民後見人という。市町村は、市民後見人養成のための体制の整備などを行っている。

A591 利用対象者は、判断能力が不十分で、かつ事業の契約の内容について、判断し得る能力のある人である。

A592 日常生活自立支援事業の実施主体は都道府県・指定都市社会福祉協議会で、市区町村社会福祉協議会などに事業の一部を委託できる。

A593 初期相談から支援計画の策定、利用契約の締結までを行うのは専門員である。福祉サービスの利用援助や日常的金銭管理サービスなど具体的な援助を行うのが生活支援員である。

Point44 高齢者虐待

虐待には、**他者による虐待**と、**自分自身による虐待**があり、他者によるものは、以下のように分類されます。

身体的暴力による虐待	殴る、つねる、おさえつけるなど。
性的暴力による虐待	性的暴力、性的いたずらなど。
心理的障害を与える虐待	言葉による暴力、家庭内での無視など。
経済的虐待	年金を渡さない、年金を取り上げる、財産を無断で処分するなど。
介護拒否、放棄、怠慢による虐待（ネグレクト）	治療を受けさせない、食事を準備しないなど。

得点UPのカギ　【高齢者虐待で多いケース】
女性／後期高齢者／要介護高齢者／認知症高齢者。
虐待の種類で最も多いのは、**身体的虐待**。

以下のような虐待のサインが見られる場合は、サービス従事者同士で**情報交換**を行って、**正確な事実把握**と**評価**に努めます。

> 説明のつかない転倒・傷を繰り返している／もうろうとしている／体にあざやみみず腫れがある／おびえる／極端に人目を避けている／介護者や家族がそばにいると態度が変わる／部屋に鍵をかけられている／ベッドに身体を固定されている……など

「高齢者虐待の防止、高齢者の養護者に対する支援等に関する法律（高齢者虐待防止法）」では、市町村を第一に責任を有する主体、地域包括支援センターを高齢者虐待対応の中核的機関のひとつと位置づけ、虐待に対する対応について、高齢者の生命または身体に重大な危険が生じている場合の**市町村へのすみやかな**通報義務、市町村による**立ち入り調査**の権限などを規定しています。

Point 45 成年後見制度と日常生活自立支援事業

● 成年後見制度とは

成年後見制度は、認知症高齢者、知的障害者、精神障害者などで判断能力が不十分な人を保護し、権利を守るための制度です。

<table>
<tr><td rowspan="4">成年後見制度</td><td rowspan="3">法定後見制度</td><td>後見類型</td><td>判断能力を常に欠いた人に対し、成年後見人が代理権と取消権をもつ。</td></tr>
<tr><td>保佐類型</td><td>判断能力が著しく不十分な人に対し、保佐人が同意権と取消権をもつ。また、家庭裁判所の審判を経て代理権が与えられる。</td></tr>
<tr><td>補助類型</td><td>判断能力が不十分な人に対し、家庭裁判所の審判を経て補助人に同意権・取消権と代理権が与えられる。</td></tr>
<tr><td>任意後見制度</td><td>判断能力が衰える前に自分で任意後見人を指定し、任意後見事務の内容を契約により決めておく。</td></tr>
</table>

● 日常生活自立支援事業とは

日常生活自立支援事業は、**都道府県・指定都市社会福祉協議会**が実施主体となり、認知症高齢者など**判断能力が不十分な人**に対して**福祉サービス利用の援助**などを行うものです。利用者が**契約を締結**すると、**支援計画**に基づき、**生活支援員**が援助を行います。

介護保険制度について、以下のような利用支援があります。

福祉サービスの利用援助	福祉サービスの利用または利用をやめるために必要な手続き、福祉サービスに関する苦情解決制度の利用援助、住宅改造、居住家屋の賃借、行政手続きに関する援助など。
日常的金銭管理サービス	医療費・税金・社会保険料・公共料金・日用品の代金などの支払い手続き、またこれらの支払いに伴う預金の払い戻し、預金の解約、預金の預け入れの手続きなど。
書類などの預かりサービス	年金証書、預貯金の通帳、権利証、保険証書、実印・銀行印などの預かり。

19 関連諸制度

Q594 後期高齢者医療制度の被保険者には、生活保護世帯に属する者も含まれる。

Q595 後期高齢者医療制度の利用者負担は、現役並み所得者は2割とされている。

Q596 サービス付き高齢者向け住宅の入居対象は、60歳以上、または要介護・要支援認定を受けている40歳以上60歳未満の者である。

Q597 個人情報とは、生存する個人に関する情報をいう。

Q598 意識を消失した利用者の個人情報を救急隊員に提供する場合は、本人の同意は不要である。

Q599 子の看護休暇と介護休暇は、半日単位で取得することができる。

Q600 育児休業の分割取得は認められていない。

A594 生活保護世帯に属する者は、生活保護制度に基づく医療扶助が適用されるため、後期高齢者医療制度の被保険者からは除外される。 ✕

A595 利用者負担は、原則1割だが、現役並み所得者は3割とされている。また、2022年10月から、一定以上所得のある者は2割に引き上げられた。 ✕

A596 サービス付き高齢者向け住宅は、高齢者住まい法に基づいて制度化された。単身高齢者または高齢者とその同居者が入居対象となっている。 ◯

A597 生存する個人に関する情報であって、氏名や生年月日その他の記述等により特定の個人を識別することができるもの、または個人識別符号が含まれるものをいう。 ◯

A598 法令に基づく場合、人の生命、身体・財産の保護に必要で本人の同意を得ることが困難な場合などは、例外的に本人の同意は不要である。 ◯

A599 制度改正により2021年1月から、子の看護休暇と介護休暇は、半日単位ではなく時間単位での取得が可能となった。 ✕

A600 制度改正により2022年10月から、育児休業の分割取得が2回まで認められることになった。 ✕

·· Memo ··

難関試験突破を強力サポート！

2024年版ケアマネジャー試験対策書籍

速習レッスン
B5判　2023年12月18日発刊

過去問完全解説
B5判　2024年1月12日発刊

2024徹底予想模試
B5判　2024年1月19日発刊

書いて覚える！ワークノート
B5判　2024年2月上旬発刊予定

これだけ！一問一答
四六判　2024年1月19日発刊

これだけ！要点まとめ
四六判　2024年2月中旬発刊予定

はじめてレッスン
A5判　2023年10月20日発刊

ユーキャン資格本アプリ

2023年11月末現在。書名・発刊月・カバーデザイン等変更になる可能性がございます。

●**法改正・正誤等の情報につきましては、下記「ユーキャンの本」ウェブサイト内「追補（法改正・正誤）」をご覧ください。**
https://www.u-can.co.jp/book/information

●**本書の内容についてお気づきの点は**
・「ユーキャンの本」ウェブサイト内「よくあるご質問」をご参照ください。
https://www.u-can.co.jp/book/faq
・郵送・FAXでのお問い合わせをご希望の方は、書名・発行年月日・お客様のお名前・ご住所・FAX番号をお書き添えの上、下記までご連絡ください。
【郵送】〒169-8682 東京都新宿北郵便局 郵便私書箱第2005号
ユーキャン学び出版 ケアマネジャー資格書籍編集部
【FAX】03-3350-7883
◎より詳しい解説や解答方法についてのお問い合わせ、他社の書籍の記載内容等に関しては回答いたしかねます。

●**お電話でのお問い合わせ・質問指導は行っておりません。**

本文キャラクターデザイン　なかのまいこ

2024年版　ユーキャンのケアマネジャー これだけ！一問一答

2007年7月20日　初　版　第 1 刷発行
2024年1月19日　第18版　第 1 刷発行

編　者　　ユーキャンケアマネジャー試験研究会
発行者　　品川泰一
発行所　　株式会社 ユーキャン 学び出版
　　　　　〒151-0053 東京都渋谷区代々木1-11-1
　　　　　Tel 03-3378-1400
編　集　　株式会社 東京コア
発売元　　株式会社 自由国民社
　　　　　〒171-0033 東京都豊島区高田3-10-11
　　　　　Tel 03-6233-0781（営業部）

印刷・製本　望月印刷株式会社